国家出版基金项目
NATIONAL PUBLICATION FOUNDATION

"十四五"国家重点出版物出版规划项目
交通运输科技丛书·公路基础设施建设与养护
跨海交通集群工程智能化运维系列丛书

5G+北斗技术在跨海通道
智能运维中的应用

张建通　景强　李书亮　杨川　胡志刚　编著

人民交通出版社
北　京

内 容 提 要

本书依托国家重点研发计划项目"港珠澳大桥智能化运维技术集成应用"部分研究成果编写,是"跨海交通集群工程智能化运维系列丛书"中的一本。

本书主要介绍了5G+北斗技术在港珠澳大桥智能运维中的应用。以北斗高精度定位技术和5G为核心,首先,介绍了港珠澳大桥通航孔桥、人工岛、岛桥及岛隧接合部等结构体的5G+北斗监测需求;接着,从北斗多基站长基线高精度监测、北斗与InSAR融合监测、北斗与惯导融合监测、跨海通道5G网络全覆盖等方面介绍了港珠澳大桥的5G+北斗监测关键技术;然后,展示了港珠澳大桥5G+北斗监测应用案例;最后,提出了发展趋势与展望。

本书可供桥梁领域的科研工作者、桥梁运营管理者以及工程师在其研究和工作中参考使用。

图书在版编目(CIP)数据

5G+北斗技术在跨海通道智能运维中的应用/张建通
等编著. — 北京：人民交通出版社股份有限公司,
2024. 9. — (跨海交通集群工程智能化运维系列丛书).
ISBN 978-7-114-19857-1

Ⅰ. U459. 5

中国国家版本馆CIP数据核字第20248S7R50号

5G+Beidou Jishu zai Kuahai Tongdao Zhineng Yunwei zhong de Yingyong

书　　名：**5G+北斗技术在跨海通道智能运维中的应用**
著 作 者：张建通　景　强　李书亮　杨　川　胡志刚
责任编辑：李　沛　丁　遥　石　遥
责任校对：赵媛媛　刘　璇
责任印制：刘高彤
出版发行：人民交通出版社
地　　址：(100011)北京市朝阳区安定门外外馆斜街3号
网　　址：http://www.ccpcl.com.cn
销售电话：(010)85285857
总 经 销：人民交通出版社发行部
经　　销：各地新华书店
印　　刷：北京市密东印刷有限公司
开　　本：787×1092　1/16
印　　张：11.5
字　　数：178千
版　　次：2024年9月　第1版
印　　次：2024年9月　第1次印刷
书　　号：ISBN 978-7-114-19857-1
定　　价：75.00元
(有印刷、装订质量问题的图书,由本社负责调换)

交通运输科技丛书编审委员会

(委员排名不分先后)

跨海交通集群工程智能化运维系列丛书
编审委员会

《5G＋北斗技术在跨海通道智能运维中的应用》
编写组

丛书总主编：景　强

主　　编：张建通　景　强　李书亮　杨　川

　　　　　　胡志刚

参　　编：（排名不分先后）

　　　　　　朱小华　董　玮　丁朋辉　张宝成

　　　　　　王　中　王建华　张文照　郭　呈

编写单位：港珠澳大桥管理局

　　　　　　中国交通通信信息中心

　　　　　　武汉大学

　　　　　　浙江大学

　　　　　　中国移动通信集团广东有限公司

总序 GENERAL FOREWORD

科技是国家强盛之基，创新是民族进步之魂。中华民族正处在全面建成小康社会的决胜阶段，比以往任何时候都更加需要强大的科技创新力量。党的十八大以来，以习近平同志为核心的党中央做出了实施创新驱动发展战略的重大部署。党的十八届五中全会提出必须牢固树立并切实贯彻创新、协调、绿色、开放、共享的发展理念，进一步发挥科技创新在全面创新中的引领作用。在最近召开的全国科技创新大会上，习近平总书记指出要在我国发展新的历史起点上，把科技创新摆在更加重要的位置，吹响了建设世界科技强国的号角。大会强调，实现"两个一百年"奋斗目标，实现中华民族伟大复兴的中国梦，必须坚持走中国特色自主创新道路，面向世界科技前沿、面向经济主战场、面向国家重大需求。这是党中央综合分析国内外大势、立足我国发展全局提出的重大战略目标和战略部署，为加快推进我国科技创新指明了战略方向。

科技创新为我国交通运输事业发展提供了不竭的动力。交通运输部党组坚决贯彻落实中央战略部署，将科技创新摆在交通运输现代化建设全局的突出位置，坚持面向需求、面向世界、面向未来，把智慧交通建设作为主战场，深入实施创新驱动发展战略，以科技创新引领交通运输的全面创新。通过全行业广大科研工作者长期不懈的努力，交通运输科技创新取得了重大进展与突出成效，在黄金水道能力提升、跨海集群工程建设、沥青路面新材料、智能化水面溢油处置、饱和潜水成套技术等方面取得了一系列具有国际领先水平的重大成果，培养了一批高素质的科技创新人才，支撑了行业持续快速发展。同时，通过科技示范工程、科技成果推广计划、专项行动计划、科技成果推广目录等，推广应用了千余项科研成果，有力促进了科研向现实生产力转化。组织出版"交通运输建设科技丛书"，是推进科技成果公开、加强科技成果推广应用的一项重要举措。"十二五"期间，该丛书共出版72册，全部列入"十二五"国家重点图书出版规划项目，其中12册获得国家出版基金支持，6册获中华优秀出版物奖图书提名奖，行业影响力和社会知名度不断扩大，逐渐成为交通运输高端学术交流和科技成果公开的重要平台。

"十三五"时期，交通运输改革发展任务更加艰巨繁重，政策制定、基础设施建设、运输管理等领域更加迫切需要科技创新提供有力支撑。为适应形势变化的需要，在以往工作的基础上，我们将组织出版"交通运输科技丛书"，其覆盖内容由建设技术扩展到交通运输科学技术各领域，汇集交通运输行业高水平的学术专著，及时集中展示交通运输重大科技成果，将对提升交通运输决策管理水平、促进高层次学术交流、技术传播和专业人才培养发挥积极作用。

当前，全党全国各族人民正在为全面建成小康社会、实现中华民族伟大复兴的中国梦而团结奋斗。交通运输肩负着经济社会发展先行官的政治使命和重大任务，并力争在第二个百年目标实现之前建成世界交通强国，我们迫切需要以科技创新推动转型升级。创新的事业呼唤创新的人才。希望广大科技工作者牢牢抓住科技创新的重要历史机遇，紧密结合交通运输发展的中心任务，锐意进取、锐意创新，以科技创新的丰硕成果为建设综合交通、智慧交通、绿色交通、平安交通贡献新的更大的力量！

杨传堂

2016 年 6 月 24 日

序 | FOREWORD |

　　港珠澳大桥是连接香港特别行政区、广东省珠海市、澳门特别行政区的大型跨海通道，它的建成代表了当前我国跨江越海桥梁和隧道建设的最高水平，是我国由桥梁大国向桥梁强国迈进的重要标志。然而，在提升跨海通道服役性能、实现运维智能化、数字化管理等方面，仍面临诸多挑战。低时延通信、高精度监测、智能检测与预警等对保障跨海通道安全运营至关重要。

　　"斗转星移，日月如梭"，自2020年北斗三号全球卫星导航系统正式开通服务以来，以北斗卫星导航系统和5G为代表的信息技术高速发展。一批年轻的科技工作者，综合运用北斗卫星导航系统、5G等智能化运维方式，为港珠澳大桥这一名副其实的"大国重器"增加了一道"安全屏障"。利用北斗高精度定位技术对跨海通道实行全面监测预警，可以及时发现潜在的安全隐患，并采取相应措施进行修复维护。不仅能提高跨海通道的安全性和耐久性，还能降低维护成本，提升运营效率。

　　国内外针对跨海通道工程的智能运维案例较少，本书依托港珠澳大桥智能运维工程实践，全面介绍了以北斗高精度定位技术和5G为核心，面向港珠澳大桥桥岛隧不同结构体的实际监测需求，融合北斗、5G、惯性导航、合成孔径雷达干涉（InSAR）的各自技术优势，达到港珠澳大桥高精度变形监测的效果，开创了国内桥岛隧跨海交通基础设施利用"5G＋北斗"技术实现结构体监测的先例。

　　本书原理介绍深入，数据案例丰富，内容分析翔实，可为国内外跨海集群工程智能化运维提供丰富的借鉴和参考，推荐交通运输领域工程技术人员、科研人员阅读。

期待本书能够为未来跨海集群工程项目智能化运维启发思路，希望与"5G＋北斗"相关的科技和产业界能开发出更多适应跨海集群工程智能化运维的技术及产品，完善包括教育、科研与人才培养的"5G＋北斗"发展生态，从而更好地服务数字中国和交通强国建设，并助力我国经济从高速发展转向高质量发展。

2024 年 6 月 22 日

前言 | PREFACE |

  港珠澳大桥地处珠江口伶仃洋海域,是现今世界上建设规模最大、运营环境最复杂的跨海集群工程,代表了我国跨海集群工程建设的最高水平。 为攻克跨海重大交通基础设施智能运维技术瓶颈,示范交通行业人工智能和新基建技术落地应用,港珠澳大桥管理局统领数十家参研单位,依托国家重点研发计划"港珠澳大桥智能化运维技术集成应用"、广东省重点领域研发计划"重大跨海交通集群工程智能安全监测与应急管控"、交通运输领域新型基础设施建设重点工程"数字港珠澳大桥"、交通强国建设试点任务"用好管好港珠澳大桥"等开展技术攻关,将港珠澳大桥在智能运维方面的积极探索以关键技术的方式进行提炼,组织撰写了"跨海交通集群工程智能化运维系列丛书"。 丛书的出版,对促进传统产业与新一代信息技术融通创新具有重要意义,为国内外跨海集群工程智能化运维提供了丰富的借鉴和参考。

  跨海集群工程作为连接海域两岸的重要交通设施,具有其独特性。 它们往往面临复杂的海洋环境,如强风、巨浪、海水侵蚀等,这些环境因素对工程的结构安全、运营稳定提出了极高的要求。 同时,跨海集群工程的建设与运维也涉及众多技术难题,如长距离通信、高精度监测、智能预警等,这些问题的解决对于保障安全运营至关重要。 在这些特点与问题的基础上,智能运维技术的应用对于保障跨海集群工程的安全运营具有重要意义。 通过智能化手段,可以实现对跨海集群工程的全面监测和预警,及时发现潜在的安全隐患,并采取相应的措施进行修复和维护。 这不仅能提高跨海集群工程的安全性和耐久性,还能降低维护成本,提升运营效率。 本书集中汇聚了港珠澳大桥智能运维技术攻关中关于 5G + 北斗高精度变形监测方面的核心成果，以北斗高精度定位技术和5G为核心，详细分析了港珠澳大桥桥、岛、隧不同结构体不同部位的实际监测内容，提出了各结构体各部位对北斗、5G等技术融合监测的具体需求；融合北斗、5G、惯性导航、合成孔径雷达干涉（InSAR）技术各自技术优势，开发了北斗多基站长基线高精度监测技术、北斗与InSAR融合监测技术、北斗与惯导融合监测技术和跨海通道5G网络全覆盖技术等多项关键技术，实现了利用北斗技术对港珠澳大桥进行变形监测的目的；通过对九洲桥、江海桥、青州桥、人工岛、岛桥岛隧接合部的监测结果进行详细分析，揭示了各结构体各部位的变形特征，并有针对性地对单北斗监测结果进行了深入探讨，为监测技术在实际工程中的应用提供了有力支撑，开创了国内桥岛隧跨海交通基础设施利用5G+北斗技术实现结构体监测的先例。

本书共分5章，第1章介绍了北斗高精度定位技术、5G、惯性导航技术和InSAR技术的发展历程、基本原理与应用现状。 第2章分析了港珠澳大桥桥、岛、隧不同结构体对于5G+北斗的监测需求。 第3章阐述了北斗多基站长基线高精度监测、北斗与惯导融合监测、北斗与InSAR融合监测等在港珠澳大桥桥、岛、隧不同结构体监测中采用的关键技术。 第4章展示了5G+北斗技术在港珠澳大桥桥面、桥塔、人工岛、岛隧接合部与岛桥接合部结构体监测的应用案例。第5章展望了5G+北斗等前沿技术在交通基础设施智能运维中的发展趋势。

限于作者的水平和经验，书中错漏之处在所难免，恳请读者批评指正。

作　者
2024 年 6 月

目录 CONTENTS

第 2 章 跨海通道的 5G + 北斗监测需求

第 3 章 跨海通道 5G + 北斗监测关键技术

第4章 | 港珠澳大桥5G + 北斗监测应用案例

| 第 5 章 | 发展趋势与展望

| 参考文献 |

CHAPTER 1 | 第 1 章

绪论

1.1 跨海通道的智能运维

跨海通道对提高交通运输效率,促进区域经济发展起到了举足轻重的作用。然而,跨海通道所处的海洋环境复杂多变,对通道的结构安全、运营效率提出了极高的要求。传统的跨海通道运维方式主要依赖于人工巡检和定期维护,这种方式在效率、安全性以及响应速度等方面存在诸多不足。因此,如何运用先进技术实现跨海通道的智能运维,尤其是针对以港珠澳大桥为代表的集桥、岛、隧于一体的跨海通道,成为当前亟待解决的问题。

智能运维作为一种新兴的运维模式,通过集成和应用先进的信息技术,如5G(第五代移动通信技术)+北斗、惯性导航、合成孔径雷达干涉(InSAR)技术等,实现对跨海通道的实时监控、预警、决策和优化,从而实现运维过程的自动化、智能化和高效化。这些先进技术的应用,不仅提高了跨海通道的运维效率,也大大增强了通道的安全性和可靠性。

(1)实时监控:智能化保障通道安全

实时监控是智能运维的基础和前提。利用物联网技术,在跨海通道的关键部位安装传感器和监控设备,实时收集并传输通道的运行数据。这些数据包括结构变形情况、水位变化、风力风向、交通流量等多种信息,通过对这些数据的实时分析,可以及时发现通道的异常情况,如结构变形、水位异常、交通拥堵等。在实时监控方面,5G+北斗技术的结合应用具有显著优势。北斗卫星导航系统作为我国自主研发的全球卫星导航系统,具有高精度、高可靠性、全球覆盖等特点。而5G则以其高速率、低时延、多连接的特点,为实时数据传输提供了强有力的支持。同时,在跨海通道中,惯性导航系统可以对桥梁、隧道等结构体进行实时监测,提高监测的准确性和可靠性。

(2)智能预警:感知潜在风险

智能预警是智能运维的核心功能之一。基于大数据分析技术,对实时监控数据进行深入挖掘和分析,建立预测模型,对可能出现的风险进行提前预警。这种预警方式可以帮助运维人员提前做好准备,避免事故的发生。在智能预警方面,InSAR 技术发挥了重要作用。InSAR 技术通过接收和处理卫星或无人机搭载的 SAR 传感器获取的图像数据,可以实现对地表小变形的监测。在跨海通道中,InSAR 技术可以对桥梁、隧道等结构体进行变形监测,及时发现潜在的安全隐患。同时,大数据分析技术的应用也使预警更加准确和高效。通过对历史数据和实时监控数据的分析,可以发现潜在的风险因素和规律,建立可靠的预测模型。当实时监测数据出现异常时,智能预警系统可以自动触发预警机制,通知相关人员进行处理。

（3）智能决策:应急处理高效精准

在发现异常情况后,智能运维系统需要根据预设的应急预案和专家经验库,自动制定最优的应急处理方案,并通知相关人员执行。这要求智能运维系统具备强大的数据处理能力和智能决策能力。在智能决策方面,人工智能技术的应用至关重要。通过机器学习、深度学习等人工智能技术,智能运维系统可以自动学习和总结相关领域内专家的经验,建立起自己的知识库和决策模型。

（4）优化运维:持续改进,保障通道可持续发展

优化运维是智能运维的长期目标和重要内容。通过收集和分析历史运维数据,智能运维系统可以不断优化运维策略,提高运维效率和质量。在优化运维方面,首先需要对历史数据进行深入挖掘和分析。通过对历史数据的分析,可以发现运维过程中存在的问题和瓶颈,并找出改进的方向和措施。例如,可以根据通道的使用情况和气候条件,动态调整巡检周期和维护计划;可以根据监测数据的分析结果,对结构体的设计参数进行优化等。

跨海通道的智能运维是一项复杂而重要的课题。通过应用 5G＋北斗、惯性导航、InSAR 等先进的信息技术,可以实现对跨海通道的实时监控、超前预警、决策优化,从而提高通道的安全性和运行效率。未来,随着技术的不断进步和应用场景的不断拓展,智能化技术将在跨海通道的运维工作中发挥更加重要的作用。

1.2 北斗高精度定位技术

1.2.1 发展历程

1)起源和初期发展

北斗卫星导航系统的起源和初期发展是我国航天和卫星导航领域的一个重要里程碑。它的发展不仅标志着我国在高技术领域的突破,而且在提高全球导航系统的多样性和稳定性方面发挥了重要作用。20世纪80年代初期,全球卫星导航系统(GNSS)的概念开始在全球范围内流行,当时美国的全球定位系统(GPS)和俄罗斯的全球导航卫星系统(GLONASS)占据了主导地位。这两个系统的存在和发展,激发了我国自主研发卫星导航系统的愿望,北斗应运而生。

2)北斗发展策略

北斗卫星导航系统的发展实行"三步走"战略,这一战略框架为北斗卫星导航系统的发展绘制了宏伟蓝图,明确了阶段性目标。这一战略涵盖了从系统的初步构建到全面部署,再到全球服务的整个发展过程。

(1)第一步:建立北斗卫星导航试验系统

1994年我国启动北斗卫星导航试验系统的建设。这是一个较为简单的、有源的卫星导航系统,是由"863"计划倡导者、中科院院士陈芳允提出的双星定位系统。试验系统的技术水平虽然不是十分先进,但结构简单,能迅速建成,解决我国没有自己的卫星导航系统的问题。2000年10月31日及12月21日我国相继发射了2颗试验卫星,初步建成试验系统,成为继美国和俄罗斯后第三个拥有自主卫星导航系统的国家。2003年5月25日和2007年2月3日我国又先后发射试验卫星,进一步增强了北斗卫星导航试验系统的性能。

(2)第二步:建立区域性的北斗卫星导航系统

2004年我国启动北斗卫星导航系统的建设。与试验系统相比,北斗卫星导航系统在导航定位的原理和方法上有了重大变化,将有源定位改为无源定位,与当时国际上的主流卫星导航系统保持一致。此外,导航卫星的类型也从原来单一的地球静止轨道(GEO)卫星增加了倾斜地球同步轨道(IGSO)卫星和中圆地球轨道(MEO)卫星。

北斗卫星导航系统已于 2011 年 12 月 27 日起提供区域性的试运行服务。此后又用 4 艘火箭发射了 6 颗北斗卫星,使系统的覆盖范围扩大,星座的稳健性得到了增强。2012 年 12 月 27 日,中国卫星导航系统管理办公室宣布从即日起北斗卫星导航系统在继续提供北斗试验系统的有源定位、双向授时及短报文通信服务的基础上,向亚太部分地区正式提供连续的无源定位、导航、授时等服务。

(3)第三步:建立全球卫星导航系统

第三步的建设目标是在区域性的卫星导航系统已顺利建成并稳定运行的基础上,再花费 7～8 年时间,在 2020 年左右将北斗卫星导航系统建成全球性的卫星导航系统。在这一阶段的建设任务中,不仅需大量增发 MEO 卫星,以便使卫星星座能覆盖全球,而且还需要普及、推广北斗卫星导航系统在各个领域中的应用,生产价廉物美的北斗接收机。

3)国际化与全球服务

GNSS 国际应用现状呈现三方面趋势。首先,全球服务能力不断提升,各系统(如 GPS、GLONASS、北斗、Galileo)通过现代化计划、卫星更新、网络扩展等手段,提高信号性能、卫星寿命,并加强系统鲁棒性。其次,国际市场规模持续扩大,GNSS 通过提供免费、开放、稳定的 PNT 信息,推动社会经济发展。根据欧盟航天计划机构(EUSPA)发布的 2022 年 *EO and GNSS Market Report*(地球观测和全球卫星导航系统市场报告)预计,全球 GNSS 设备总保有量将从 2021 年的 65 亿台增长至 2031 年的 106 亿台;GNSS 市场规模由 2021 年的 1989 亿欧元增长至 2031 年的 4920 亿欧元。最后,行业应用逐步深化,涵盖航空、航海、通信、搜救、道路交通等领域,国际标准体系逐步完善,涉及基础、地图、接口、设备和服务等多方面。随着科技的发展,GNSS 的国际市场规模将继续扩大。

1.2.2 系统组成与原理

1）北斗整体架构

北斗卫星导航系统是一个复杂而高效的系统，由空间段、地面段和用户段三部分组成。GNSS 系统组成如图 1.2-1 所示。

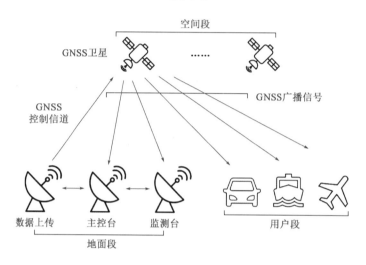

图 1.2-1　GNSS 系统组成

（1）空间段

地球静止轨道卫星（GEO 卫星）：这些卫星位于地球静止轨道上，距离地表约 35786km，轨道倾角为 0°，其轨道与地球自转同步，因此，它们看起来固定在特定位置上，通常用于提供全球信号覆盖的骨干网络。

中圆地球轨道卫星（MEO 卫星）：MEO 卫星位于地球轨道上，距离地表约 21500km，轨道倾角为 55°，其相对于地球的位置不断变化，这使得它们能够覆盖不同的地理区域。

倾斜地球同步轨道卫星（IGSO 卫星）：IGSO 卫星的轨道高度与 GEO 卫星相同，轨道倾角为 55°，星下点轨迹为"8"字形，IGSO 卫星信号抗遮挡能力强，尤其在低纬度地区，其性能优势明显。

（2）地面段

地面段是北斗卫星导航系统的控制和管理中枢，它包括多个关键组成部分：

主控站：位于我国境内，是北斗卫星导航系统的指挥中心。主控站负责卫星的轨道管理、信号发射控制、时钟同步、导航数据生成等重要任务。它与卫星之间建立星间链路,确保卫星运行状态的监控。

时间同步/注入站:这些站点位于不同的地理位置,用于提供高精度的时钟同步信号,确保整个北斗卫星导航系统的时间一致性。时钟同步对于定位精度至关重要,因此,这些站点起着关键作用。

监测站:分布在全球各地,用于监测卫星的运行状态、信号质量和系统性能。它们与卫星之间建立星间链路,定期传输监测数据到主控站,以进行远程监控和故障诊断。

(3)用户段

北斗卫星导航系统的用户段是系统中最广泛和多样化的部分,包括以下方面:

基础产品:这些产品包括北斗兼容其他卫星导航系统的芯片、模块、天线等基础硬件。它们是用户终端设备的关键组成部分,用于接收和处理导航信号。

终端产品:包括车载导航设备、智能手机、手持导航仪等设备,这些设备已经广泛应用于汽车导航、航空导航、航海导航等领域。

2)卫星工作原理

在卫星导航系统中,有两种常见的定位技术,即有源时间测距和无源时间测距。

在有源时间测距中,用户终端首先向地面控制中心发送定位请求信号,随后地面控制中心发送测距信号,计算出用户的具体位置,并将位置信息发送回用户终端。

相对而言,在无源时间测距技术中,用户接收至少4颗导航卫星发出的信号,根据这些信号的传输时间,用户可以获得与每颗卫星的距离信息,然后,用户终端可以利用三球交汇原理自行计算出其空间位置,如图1.2-2所示。

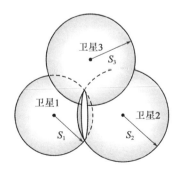

图1.2-2 三球交汇原理示意图

3）地面控制站的关键作用

地面控制站在卫星导航系统中扮演着至关重要的角色，它们是整个系统的指挥中枢。地面控制站的任务不仅包括卫星轨道管理，还涵盖了信号发射、数据传输和时钟校准等多个方面。这里将详细介绍地面控制站的主要作用，强调它们如何与卫星进行通信和控制，以保持系统的稳定性和可用性。

（1）卫星轨道管理

地面控制站负责管理卫星的轨道，确保卫星按照预定的轨道运行。这包括轨道的计算、调整和校准。

（2）信号发射

地面控制站负责发射导航信号，使其传播到卫星周围的空间，以供用户终端接收和定位。信号发射是卫星导航系统的核心功能之一。

（3）数据传输

地面控制站负责与卫星之间的数据传输，这包括导航电文、校正数据和系统状态信息等，数据传输是确保卫星导航系统正常运行的关键环节。

（4）时钟校准

时钟校准是地面控制站的一个重要任务，因为卫星导航系统需要高度精确的时间信息来进行定位计算。地面控制站负责校准卫星和地面设备的时钟，以确保它们的时间保持一致。

4）用户终端设备的接收和解码

用户终端设备在卫星导航系统中扮演着至关重要的角色，它们是将卫星发射的信号转化为实际定位信息的关键环节。用户终端设备需要能够接收和解码北斗信号，以实现定位和导航功能。包括信号捕获、定位计算和地图显示等功能。

（1）信号接收和解码

用户终端设备通过内置的天线接收来自北斗卫星的导航信号。这些信号以电磁波的形式传输，经过天线接收后，被送入导航接收机进行解码。

（2）导航接收机的工作原理

导航接收机是用户终端设备中的核心部件，它实现了信号的接收、定位计算和地图显示等功能。

1.2.3　在跨海通道监测中的应用现状

过去跨海通道的监测主要依赖传统的检测手段,如视觉检查、物理检测等方式,然而这些方法存在着一定的局限性,难以全面、实时地获取跨海通道结构的动态信息。随着科技的飞速发展,卫星导航技术在跨海通道监测领域崭露头角,其中以北斗高精度定位技术的应用尤为引人注目。北斗卫星导航系统作为我国自主研发的卫星导航系统,为跨海通道监测注入了新的活力。这一技术的引入不仅丰富了监测手段,更为跨海通道的结构健康监测提供了更为全面、高效的解决方案,为提升跨海通道安全运行提供了有力支持。现阶段北斗高精度定位技术在跨海通道监测中的应用主要包括变形监测与故障预警等。

(1)变形监测

跨海通道变形监测旨在监测和评估跨海通道结构的各种形式的变形,包括但不限于沉降、位移、挠度等。其中跨海通道沉降监测的目的是及时发现跨海通道的沉降情况,以评估结构的稳定性和安全性。这种监测有助于确定是否存在异常沉降,提供早期预警,从而采取必要的维护措施,确保跨海通道的安全运行。当前,变形监测采用常规人工测量及自动化监测两种手段,其对比见表1.2-1。

变形监测两种监测手段对比　　　　　　　　　　　　　　表 1.2-1

项目名称	常规人工测量	自动化监测
测量方式	周期性人工测量	连续24h不间断监测
通视要求	无通视要求	无通视要求
数据分析	无法时间切片分析	时间切片分析
动态基准	无法准确测量	准确测量动态基准
操作需求	需要专业人员操作	维护较为简单,对专业要求较低
成本	人工成本较高	自动化设备成本相对较低

北斗卫星导航系统在跨海通道变形监测领域的应用可分为桥墩沉降监测、桥梁挠度监测、桥塔位移监测等。其中桥梁几何线形监测主要指结构静态的变形、变位等,包括主梁线形(挠度和转角)、拱轴线形、索塔轴线、墩台变位(倾斜、沉降)等。梁轴线、拱轴线或斜拉桥和悬索桥的主梁、索塔的轴线位置是衡量桥梁是否处于健康状态的重要指标。基于北斗卫星导航系统的桥梁挠度监测系统

由基准站、监测站和监控中心三部分组成,各部分之间通过通信网实现数据交互。

(2)故障预警

故障预警系统的核心在于数据的分析和算法的应用。监测系统可以通过历史数据和实时数据的比对,利用先进的算法,准确、迅速地识别出潜在的故障迹象。这一系统的关键之处在于,其对跨海通道结构的细致监测,能够捕捉到微小的变化,从而在问题进一步发展之前提供准确的预警信息。

1.3 第五代移动通信技术(5G)

1.3.1 发展历程

5G 最引人注目的特点,首先是更高的数据传输速率。其次,5G 带来了更低的时延,即通信的延迟时间大幅减少。这对于需要实时响应的应用场景非常关键,如自动驾驶车辆、远程协同操作和增强现实。通过将通信延迟降至毫秒级别,5G 使用户在互动和控制方面能够感受到更为真实和即时的反馈,为各种创新的实时应用创造了新的可能性。最后,5G 网络具备更大的连接密度,能够同时支持更多的设备连接。这对于物联网时代至关重要,因为大量的传感器、智能设备和无人机等需要同时接入网络。

近年来,随着 5G 的不断发展,5G 逐步应用于城市道路及高速公路通信、自动驾驶等领域,在助力交通运输高质量发展上发挥着越来越重要的作用。

1.3.2 系统组成与原理

随着科技的飞速发展,我们正迎来数字化时代的新篇章,其中 5G 显然是推动这一变革的重要引擎之一。5G 的推出并不仅仅意味着更快的下载速度和更多的设备连接,更是代表了一种全新的生态系统,将影响人们的日常生活、各行各业的运营方式。

5G 通信系统是一个复杂的体系结构,主要由 5G 核心网(5GC)和 5G 接入网(NG-RAN)两部分构成。

（1）核心网

5G 的核心网络划分为控制平面（Control Plane）和用户平面（User Plane）。控制平面主要涵盖接入与移动管理功能（AMF），负责移动设备的接入、鉴权和移动性等方面的控制，处理移动用户在不同位置的切换和漫游，同时还包括会话管理功能（SMF），该功能包括通信会话的建立、维护和释放。然而，需要注意的是，SMF 与接入网之间并不存在直接的接口连接。用户平面包括用户平面功能（UPF）、用户数据库存储用户配置文件、访问权限等信息，以支持用户的身份验证和授权；相关服务数据网络（SDN）则负责处理实际的用户数据传输，通过分组交换技术进行高效的数据传输。

（2）接入网

5G 接入网由 5G 基站（gNB）和支持接入 5G 核心网的 4G 基站（ng-eNB）两种节点组成。5G 接入网采用了负责非实时的无线高层协议栈功能，并支持部分核心网功能下沉及移动边缘计算业务部署的集中单元。

1.3.3 在跨海通道监测中的应用现状

现有的跨海通道健康监测系统间的通信主要采用光纤网络等有限网络方式。然而，跨海通道建设通常在偏远、地形地质条件复杂、有线网络信号难以覆盖的地区，为避免资源浪费并控制运营成本，目前跨海通道施工阶段多以人工巡检监测为主，难以实现自动化监测，同时也存在采集工作量大、安全风险高等不足。早期的跨海通道健康监测系统建设范围往往无法覆盖后续接入的存量跨海通道工程，需重新搭建接入网络，这一举措不仅需要投入巨大的建设工程量，其建设周期过长也不利于推广跨海通道健康监测系统。此外，光纤网络与健康监测系统间具有较强的针对性，往往无法重复利用，并且后续光纤网络的运营维护、故障保修环节仍然存在成本较高的问题。

由此，将 5G 引入跨海通道监测中，具有更为迫切的必要性和显著的优势。首先，5G 的高带宽和低时延特性为监测系统提供了更强大的数据传输能力。在跨海通道建设和运营过程中，需要大量的监测数据，包括结构变形、振动等多个参数，而高速传输和低时延可以确保这些数据以更快的速度被采集、传输和分析，从而提高监测的实时性和准确性。此外，5G 网络的安全性和保密性也是至关重要的。跨海通道监测涉及大量的敏感数据,包括结构设计和性能参数等,5G 网络采用先进的加密技术,可以有效防范数据泄露和未经授权访问,确保监测数据的安全性,符合跨海通道建设中的保密需求。通过充分利用 5G 的高速率特性,能够根据实际需要轻松接入现场视频监控数据,实现远程视频监控功能。同时,借助 5G 的低时延特性和强大的边缘计算能力,得以拓展开发一系列智能应用,如跨海通道防撞预警、跨海通道危险行为自动识别预警、超载超速识别等,这些应用需要快速响应,而 5G 为其提供了理想的支持,展现出极为卓越的拓展潜力。

1.4 惯性导航技术

1.4.1 发展历程

惯性导航(以下简称"惯导")系统(INS)是一种利用运动传感器(加速度计)、旋转传感器(陀螺仪)和计算机,通过航位推算来连续计算运动物体的位置、方向和速度而不需要外部参考的导航装置。早期转子陀螺是利用了转轴的定轴特性工作原理。著名的傅科摆试验利用了这一原理证明了地球自转方向与角速度大小,其设计的仪表装置也就是陀螺仪的雏形。

第二代惯性技术开始于 20 世纪 40 年代火箭发展的初期,其研究内容从惯性仪表技术发展扩大到惯导系统的应用。首先是冯·布劳恩将惯导技术成功应用于德国 V-2 火箭上,用于调整火箭飞行的方位角,以实现飞行控制。

第三代惯性技术的研究目标是进一步提高 INS 的精度。这一时期,各式的陀螺频出,摆脱了传统的利用转子定轴性原理的束缚,出现了静电陀螺、动力调谐陀螺、环形激光陀螺、干涉式光纤陀螺等多个种类。20 世纪 80 年代,伴随着半导体工艺的成熟和完善,采用微机械结构和控制电路工艺制造的微机电系统(MEMS)开始出现。1990 年后,光纤陀螺惯导系统逐步投入使用,最优数据滤波理论及算法不断改进,为惯性组合系统实现最佳数据融合创建了条件。进入 21 世纪,光学陀螺实现批量使用,MEMS 惯性器件开始投入使用,之后,代表当今技术前沿的微光机电陀螺、原子陀螺等新的陀螺仪表日益得到重视,关键技术不断取得突破。

1.4.2 系统组成与原理

(1)惯导原理

惯导系统利用惯性测量单元(IMU)同时测量载体运动的角速度和线加速度,并通过计算机实时解算出载体的三维姿态、速度、位置等导航信息。惯导系统有平台式和捷联式两类实现方案:惯导技术的原始应用都采用稳定平台技术,即平台式;现代系统把 IMU 固连(或固定)在运载体的壳体上,为捷联式。

平台式惯导系统的导航加速度计和陀螺都安装在机电导航平台上,加速度计输出的信息,传送至导航计算机,由其计算航行器位置、速度等导航信息及陀螺的施矩信息。陀螺在施矩信息作用下,通过平台稳定回路控制平台跟踪导航坐标系在惯性空间的角速度。航行器的姿态和方位信息,则从平台的框架轴上直接测量得到。

捷联惯导系统的导航加速度计和陀螺直接安装在载体上。用陀螺测量的角速度信息减去计算的导航坐标系相对惯性空间的角速度,得到载体坐标系相对导航坐标系的角速度,利用该信息计算姿态矩阵。可把载体坐标系轴向加速度信息转换到导航坐标系轴向,再进行导航计算。利用姿态矩阵元素,提取姿态和航向信息。姿态矩阵计算、加速度信息的坐标变换、姿态与航向角计算可代替导航平台功能。计算导航坐标系的角速度信息则相对平台坐标系上的陀螺旋矩信息。和等效的平台系统相比,这种方法的好处是成本低、尺寸小、可靠性高,带来的问题主要是计算复杂性显著增加,而且需要能测量高转速的器件,但是,计算机技术的不断进步与适用敏感器开发的结合,使这种设计成为现实。

以二维平面为例,平面导航的工作原理如图 1.4-1 所示。取 oxy 为定位坐标系,载体的瞬时位置为坐标(x,y)。如果在载体内用一个导航平台把 2 个加速度计的测量轴分别稳定在 x 轴和 y 轴向,则加速度计分别测量载体 x 轴和 y 轴的相对惯性空间的运动加速度,经导航计算机的运算得到载体的航行速度 v_x、v_y 和瞬

时位置 x、y,见式(1.4-1) ~ 式(1.4-4):

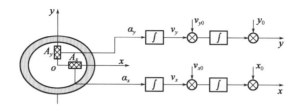

图 1.4-1　平面导航工作原理

$$v_x = v_{x0} + \int_0^t a_x \mathrm{d}t \qquad (1.4\text{-}1)$$

$$x = x_0 + \int_0^t v_x \mathrm{d}t \qquad (1.4\text{-}2)$$

$$v_y = v_{y0} + \int_0^t a_y \mathrm{d}t \qquad (1.4\text{-}3)$$

$$y = y_0 + \int_0^t v_y \mathrm{d}t \qquad (1.4\text{-}4)$$

式中:v_{x0}、v_{y0}——x 轴和 y 轴的初始速度;

$\quad\quad a_x$、a_y——x 轴和 y 轴的加速度。

在实际的长航程惯导系统中,考虑到地球表面为球面,载体位置用地理经纬度 λ 和 φ 表示(λ_0 和 φ_0 表示载体初始位置),如果 x 轴指北,y 轴指东,R 为地球半径,u_x 和 u_y 表示该坐标系下 x 轴和 y 轴的加速度,则用经纬度表示的载体的位置见式(1.4-5)、式(1.4-6):

$$\varphi = \varphi_0 + \int_0^t \frac{u_x}{R} \mathrm{d}t \qquad (1.4\text{-}5)$$

$$\lambda = \lambda_0 + \int_0^t \frac{u_y}{R\cos\varphi} \mathrm{d}t \qquad (1.4\text{-}6)$$

上面的例子中,没有考虑载体的角速度和姿态,在实际三维参考坐标系中,需要三轴陀螺来测量运载体绕 3 个轴的转动速率,三轴加速度计来测量运载体沿 3 个轴的加速度分量,这样的算法更复杂,这里不做介绍。

(2)加速度计

加速度计是一种用于测量相对于惯性参考系的加速度(称为比力)的传

感器。从加速度计的发展历史看,大致可以分为下面几个阶段:早期的摆式积分加速度计和宝石轴承加速度计;20世纪60年代中期开发的液浮摆式加速度计、挠性摆式加速度计、摆式积分加速度计和电磁加速度计,后来是静电加速度计、激光加速度计、压电加速度计、振梁加速度计等;20世纪70年代以后,除了对上述加速度计进行改进外,多功能传感器和其他基于新支承形式、新材料、新工艺的加速度计蓬勃发展;进入20世纪80年代后,利用新的硅制微结构技术制成了微型硅加速度计、压阻式和电容式微机械加速度计等。

由于加工方法的革新,出现了新一类加速度计——微机械加速度计,硅微加速度计就是应用MEMS技术,在硅片上用特殊加工方法制成的、体积非常小的测量加速度的传感器。MEMS惯性器件体积小、抗冲击、可靠性高、寿命长、成本低,是所有MEMS传感器中商业市场化应用最为成功的。

在惯导和重力测量系统领域,主要有两大分支:陀螺加速度计和非陀螺加速度计。陀螺加速度计具有更高层次的稳定性,但比较昂贵。摆式补偿型加速度计是非陀螺加速度计的一种,与陀螺加速度计相比,具有更小的外形尺寸、更简单、更便宜,能适用于具有高振动的载体。

(3)陀螺仪

陀螺仪是一种用于测量相对于惯性参考系的角速率的传感器,根据原理的不同,可以分为机械式陀螺仪、光学式陀螺仪和MEMS陀螺仪。

MEMS陀螺仪因其体积小、功耗低、成本低且易于集成等优点,近些年已在多个领域得到了广泛应用。MEMS陀螺仪是一种振动式角速率传感器,其特点是几何结构复杂、精准度较高。MEMS陀螺仪的关键性能指标包括灵敏度、满量程输出、噪声、带宽、分辨率、随机漂移和动态范围等。性能指标又可分为低精度、中精度和高精度,其中低精度MEMS陀螺仪主要用于机器人和汽车导航等对精度要求不高的场合,中精度MEMS陀螺仪主要用于飞机的姿态航向参考系统(AHRS)等,而高精度MEMS陀螺仪主要用于船舶导航和航天与空间的定位等。MEMS陀螺仪基本都是谐振式陀螺仪,主要部件有支撑框架、谐振质量块、激励和测量单元。按谐振结构可分为音叉式结构、谐振梁、圆形谐振器、平衡架(双框架)、平面对称结构和梁岛结构等;按驱动方式可分为静电式、电磁式和压电式等;按检测方式可分为压阻、压电、光学和电容式等。已研制成功的 MEMS 陀螺仪主要有音叉式、谐振梁式和双框架式几种。MEMS 技术研究已成为惯性传感器领域不可忽略的重要组成部分,人工智能、自主导航等新兴技术给 MEMS 惯性传感器的发展带来了机遇,也让其面临着更多的挑战。

1.4.3　在跨海通道监测中的应用现状

当前,随着交通运输的发展和建设水平的提升,跨海通道的长度不断增加、造型日益新颖。同时,温度变化较大、风荷载变化较大、极端天气增多等因素都使得跨海通道动力响应增大,导致跨海通道的振动加剧。因此,为了评估安全运营能力、检验结构设计正确性、评估跨海通道寿命,对振动情况进行数据采集已成为跨海通道运营监测工作的一项重要内容。

港珠澳大桥结构健康监测系统中对于主梁的竖向和横向振动特性监测采用了加速度传感器法,用于检测主梁、主缆、吊索的振动。

但加速度计监测方法也存在一定的不足。一方面,加速度积分成位移后存在累积误差,并存在位移漂移的问题,而传统的重构位移方法属于事后批量处理,实时性差;另一方面,加速度传感器对低频位移信号的感知与处理比较复杂,难以监测构筑物的长周期位移信息。受限于测量精度,单独的加速度计在大型结构体动态监测中显得力不从心,因此,有必要将北斗定位技术与惯导技术结合,以此来发挥各自的优势,并弥补各自的不足。

1.5　合成孔径雷达干涉(InSAR)技术

1.5.1　发展历程

20 世纪 70 年代,InSAR 技术发展初步成型,随着技术的不断发展,在 InSAR 技术的基础上延伸出了时序 InSAR 技术。时序 InSAR 技术解决了 D-InSAR 技术的缺陷,它主要包含最小二乘方法(LS)、永久散射体合成孔径雷达干涉测量

（PS-InSAR）、相干目标探测方法（CT）、差分干涉测量短基线集时序分析（SBAS-InSAR）、人工角反射器合成孔径雷达干涉测量（CR-InSAR）等技术。在诸多时序 InSAR 技术中，PS-InSAR 技术和 SBAS-InSAR 技术应用最为广泛，其克服了时间以及空间失相干的影响，并且在地表沉降监测领域已经取得了诸多成果。PS-InSAR 技术的重点是关注研究区的稳定点，而这些稳定点能够长时间稳定存在，具有很强的相干性，因此，PS-InSAR 技术可以克服时间及空间失相干的影响，从而在保证精度的前提下达到变形监测的目的。SBAS-InSAR 技术在进行变形反演时对数据量的要求及数据集相干性的要求较低，当用该技术对相干性较高的区域做沉降监测时，通常能取得较好的监测效果。

时序 InSAR 技术发展至今，已日益成熟，但仍存在一定的局限性。虽然时序 InSAR 技术的监测结果能反映研究区的变形量，但是却不能直观地反映研究区的沉降形成原因与变化趋势，因此，将时序 InSAR 技术获取的监测结果、致使研究区沉降的驱动因素、沉降预测模型相结合，逐渐成为近年来时序 InSAR 技术进一步研究的热点之一。

1.5.2　系统组成与原理

InSAR 技术以合成孔径雷达复数据提取的相位信息为信息源，获取地表的三维信息和变化信息。InSAR 通过两副天线同时观测（单轨模式），或两次近平行的观测（重复轨道模式），获取地表同一景观的复图像对。由于目标与两天线位置的几何关系，在复图像上产生了相位差，形成干涉条纹图。干涉条纹图中包含了斜距向上的点与两天线位置之差的精确信息。InSAR 原理示意图如图 1.5-1 所示。

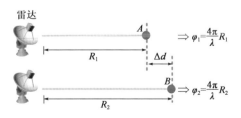

图 1.5-1　InSAR 原理示意图

InSAR 技术是基于雷达遥感的新型空间对地观测技术,主要特点包括:①全天候、全天时对地观测能力,不受天气影响;②监测精度高,可测得毫米级变形信息;③监测范围广,一次可监测上百、上千平方千米范围;④监测密度大,城区每平方千米可获得上千、上万观测点数据;⑤重复频率高、连续监测能力强,不仅能提供宏观静态信息,而且能给出定量动态信息;⑥成本低,不需要建立监测网。

1.5.3　在跨海通道监测中的应用现状

跨海通道是重要的线形基础设施,通道内高速行驶的车辆(如高速铁路)对微小的变形极其敏感,无论是从安全角度还是经济角度,监测跨海通道微小变形都至关重要。由于跨海通道本身为人工建筑物,理论上跨海通道通体为稳定的永久散射体(PS)监测点,由此利用 PS-InSAR 技术监测跨海通道变形可以提取大量的 PS 监测点,建立 PS 监测点的网络连接关系,得到 PS 监测点的 LOS(Line of Sight)方向变形,LOS 方向变形可以分解为水平位移与纵向位移。

PS-InSAR 技术在基础设施监测领域已经得到广泛应用,并取得了显著成效。从加拿大的康沃尔大型公路桥,再到我国的胶州湾跨海大桥和韩国的 Kimdaejung 桥,PS-InSAR 技术都被成功地应用于跨海通道健康监测中。

1.6　本书主要内容

为提升跨海通道服役性能,实现运维管理智能化与自动化,本书针对相关难点进行研究。全书共 5 章,具体内容如下:

第 1 章为绪论,介绍本书的研究背景、动机和目的。首先,详细介绍了跨海通道工程的背景及现存难题。接着,对北斗高精度定位技术进行了全面的阐述,包括其发展历程、系统组成与原理,以及在跨海通道监测中的应用现状。然后进一步介绍了 5G 的发展历程、系统组成与原理,以及在跨海通道监测中的应用现状。随后,对惯性导航技术和 InSAR 技术进行了详细讲解,包括其发展历程、系统组成与原理,以及在跨海通道监测中的应用现状。最后,概述了本书的内容,为读者提供整体的导览。

第2章为跨海通道的5G+北斗监测需求,介绍跨海通道不同部位对5G+北斗监测技术的需求情况。首先,对通航孔桥结构体、人工岛结构体、岛桥接合部和岛隧接合部的监测内容进行了详细说明。然后,提出了各个部位对北斗、5G等技术融合监测的具体需求,为后续技术应用提供了指导和依据。

第3章为跨海通道5G+北斗监测关键技术,介绍跨海通道监测中所涉及的关键技术,包括北斗多基站长基线高精度监测技术、北斗与InSAR融合监测技术、北斗与惯导融合监测技术和跨海通道5G网络全覆盖技术。分别对各项技术的原理、方法和应用进行了详细地阐述,重点探讨了其在跨海通道监测中的优势和挑战。

第4章为港珠澳大桥5G+北斗监测应用案例,通过对九洲桥、江海桥、青州桥等不同部位的监测结果进行详细分析,揭示了各部位的结构体监测数据及结果。特别是对北斗与InSAR融合的人工岛结构体监测、基于北斗的岛桥接合部和岛隧接合部监测等进行了深入探讨,为监测技术在实际工程中的应用提供了有力支撑。

第5章为发展趋势与展望,介绍了跨海通道5G+北斗监测技术的未来发展趋势和展望,对本书所涉及的内容进行了概括,总结了北斗在特大跨海通道监测方面的应用情况、最终监测精度以及推广条件场景等内容。同时结合当前技术发展状况和工程需求,展望了5G+北斗监测技术在未来创新方向、应用场景拓展、监测精度和效率提升方面的发展前景。

跨海通道的5G+北斗
监测需求

2.1 通航孔桥结构体监测需求

2.1.1 监测内容

港珠澳大桥中的通航孔桥均为斜拉桥,桥面监测是桥梁运营维护中重要的一环,可以及时发现桥面存在的隐患,为桥梁的维修养护提供重要依据。桥塔作为桥梁的主要支承结构,对其结构健康状况的监测对于预防潜在的结构问题,以及及时采取维护和修复措施至关重要。

根据《公路桥梁结构监测技术规范》(JT/T 1037—2022)的要求,桥面监测主要关注桥面的结构完整性和承载能力,而桥塔监测主要关注塔本身的稳定性和完整性。其关键力学监测参数也不同,桥面监测侧重于挠度、应变和加速度,而桥塔监测侧重于位移、倾斜、振动等。通过监测数据的分析和解读,可以提前发现潜在问题,采取必要的维护和修复措施,确保桥梁的可靠运行和安全使用。监测结果还可以指导工程决策,优化维护计划,并为后期桥梁结构的设计和改进提供参考依据,以提高桥梁的结构安全性,延长使用寿命。

2.1.2 北斗与惯导融合监测应用需求

在港珠澳大桥的通航孔桥部分,由于船只频繁通行和海洋环境复杂多变,桥梁结构面临着高频振动的挑战。这种高频振动不仅可能导致桥梁结构产生疲劳损伤,还可能影响桥梁的稳定性和安全性。因此,对通航孔桥的高频振动进行实时监测和预警成为一项重要任务。高频振动监测的难点在于如何准确捕捉和分析桥梁结构的微小振动。传统的监测方法无法满足高频振动监测的需求,因此,需要采用更为先进和精确的监测技术。北斗与惯导融合监测应用需求主要包括以下几个方面:

(1)复杂桥梁环境数据获取和处理

北斗卫星导航系统和惯导系统在桥梁结构监测方面具有独特价值。GNSS技术具有全天候、精度较高、实时、高效且能直接获取桥梁三维坐标信息等优点。然而,跨海通道所处环境复杂,地处海上,北斗卫星导航系统的实时变形监测精度容易受到对流层延迟误差、多路径效应等影响。其中,对流层延迟误差随位置、时间和天气条件的变化而变化,是 GNSS 定位精度的主要影响因素之一。在恶劣天气条件下,对流层的温度、湿度和压强都会发生变化,从而导致对流层延迟的非均匀变化和位移监测结果的跳变。因此,北斗卫星导航系统应用于跨海通道变形监测时,需要根据具体的应用环境进行对流层延迟模型的选取和参数估计。此外,由于海面、桥体桥面对电磁信号的反射和折射,桥上 GNSS 接收机多路径效应严重时会使得 GNSS 位移监测性能由毫米级降级至厘米级。这些因素都对 GNSS 在跨海通道的变形监测中的精度和可靠性提出了挑战。

惯导技术可以在没有外部定位系统信号的情况下提供准确的位置和运动信息,适用于特殊环境或复杂结构的监测需求,甚至可以在水下、桥底布设。北斗卫星导航系统和惯导技术可以提供高频率、高精度的监测数据。这些数据可以通过传感器与北斗卫星导航系统或惯导系统进行集成,实现实时数据采集和传输。监测数据可以通过数据处理算法进行滤波、降噪和分析,以提取结构状态信息。北斗卫星导航系统的高精度定位和惯导技术的导航能力协同有助于提高监测数据的准确性和可靠性。

(2)特大桥梁车荷载冲击振动监测

车辆荷载的大小和分布是影响桥面变形的主要因素之一。车辆荷载越大,桥面变形越大。且车辆荷载的分布不均匀,会导致桥面局部变形加剧。车辆荷载引起桥面变形的机制是由于车辆通过时会在桥面上产生动荷载,桥面发生振动引起桥面的挠度、应变和位移等变化。此外,冲击荷载会导致桥面结构产生应力集中,加速桥面的疲劳损伤,是桥梁的主要损坏形式之一。不仅如此,特大桥桥面的冲击振动频率往往高于单纯 GNSS 技术所能获取的频率范围。因此,如何实现对特大桥桥面振动的动态频率监测成为一个关键问题。这一监测任务对于了解车辆荷载对桥面变形的影响、及时发现桥面的异常变形,并确保桥梁的安全运行至关重要。

目前,GNSS 接收机的最高采样率为 50Hz(例如天宝 R9 接收机),但高采样率并不意味着相应观测值具有高频范围的动态特性,因为最终观测频率受带宽的信号跟踪环限制。因此,在变形监测中单纯依靠 GNSS 技术会存在不足。惯导系统采用加速度计测量加速度(以及重力,统称为比力),通过投影和积分等运算得到速度、位移等运动信息。惯导系统具有动态特性好、采样率高、自主测量、稳定可靠等优点,在地震、滑坡、变形监测等场景下得到了广泛应用。然而,惯导系统的缺点包括:①在解算过程中由于积分环节的作用,低频噪声被放大,导致动态变化中的低频成分测量精度无法保证;②当发生强烈冲击时,加速度计可能产生振幅饱和现象;③加速度计因倾斜或翻转产生的基线偏移会增大积分后的速度、位移误差。因此,将 GNSS 与惯导系统进行一体化设计,实现两类信息的最大程度融合,充分发挥各自的优点,成为监测设备的一种技术发展趋势。融合北斗与惯导的桥梁变形监测装置,通过同时采集北斗和 MEMS 惯导传感器获取的姿态数据,联合计算位移、振动、塔倾角、结构风荷载等桥梁健康状态数据,并利用物联网和备份的多模 5G 网络进行信息传输,可以实现对桥梁健康状态的高精度、全天候、自动化和可视化监测,符合未来发展趋势和应用需求。

2.2　人工岛结构体监测需求

2.2.1　监测内容

港珠澳大桥有东、西两座人工岛,它们是桥梁与沉管隧道的衔接部分,为全线路段的重点配套工程,其主体结构的沉降、抬升等变形情况直接关系到整个大桥的安全性。

2.2.2　北斗与 InSAR 融合监测应用需求

港珠澳大桥人工岛是一个重要的交通枢纽,其结构复杂且面积较大。对于人工岛的面状监测,主要难点在于如何实现对整个岛屿结构的全面覆盖和实时监测。同时,由于人工岛面积较大,监测设备的布置和安装也是一项重要任务,需要合理规划监测设备的布设位置,确保能够覆盖整个岛屿结构的关键部位和潜在风险点。采用北斗与 InSAR 融合监测能够很大程度上解决上述难题,其应用需求主要包括以下几个方面:

1）高精度定位与监测

北斗卫星导航系统提供了高精度的定位和导航服务,结合 InSAR 技术,可以实现对人工岛变形的高精度监测和定位。通过这种融合,可以获取更准确的位置信息和地表变形数据。在人工岛变形监测领域,高精度定位与监测是至关重要的,而结合北斗与 InSAR 技术能够提供这种高精度的数据和监测能力:

（1）北斗卫星导航系统的定位服务:北斗卫星导航系统提供全球覆盖的定位和导航服务,能够确保在世界各地获取高精度的位置信息。

（2）InSAR 技术的地表变形监测:InSAR 技术基于合成孔径雷达,能够实现高分辨率、高精度监测地表的变形情况。这种技术能够探测到毫米级甚至亚毫米级的地表变化,对干人工岛的微小变形可以进行有效监测。

2）多源数据融合

结合北斗和 InSAR 技术,可以获得不同角度和分辨率的数据,使监测结果更加全面和可靠。北斗提供了全球覆盖的定位信息,而 InSAR 技术可以提供地表变形的高分辨率监测数据,将北斗提供的位置信息与 InSAR 技术获取的地表变形数据相结合,可以提供更全面、立体的数据信息,同时包括位置和变形的关联信息。

3）实时监测与预警

结合北斗的实时定位服务,可以实现对人工岛变形的实时监测和预警。这对于及时发现人工岛变形、提前预防可能的风险或灾害具有重要意义。

（1）北斗卫星导航系统的实时定位服务优势:北斗卫星导航系统能够持续不断地提供实时的位置定位和导航服务。

（2）InSAR 技术的近实时监测优势:InSAR 技术能够迅速获取地表变形数据,其处理速度快,能够快速地生成变形监测结果。

（3）实时监测与预警的意义:通过实时监测人工岛变形情况,能够及时预警可能存在的灾害风险,如地质灾害或结构安全问题,有助于及时采取措施防范和减少损失,也可以对人工岛运维过程中的变化进行实时管控。

2.3 岛桥及岛隧接合部监测需求

2.3.1 监测内容

人工岛与桥梁及隧道接合处是结构的关键节点,存在多个部件的交会,例如桥墩、支座、承台等。这些部件在接合处交错连接,需要通过多种传感器监测其变形、振动等数据。应重点监测岛桥接合部的桥墩,以及岛隧接合部沉管隧道敞开段的变形情况。北斗卫星导航系统提供了高精度的位置信息,结合5G,能够实现对变形数据的及时传输和分析,以便运营管理者随时了解岛桥、岛隧接合部的变形状态,并确保变形控制在合理范围内。

2.3.2 北斗多基站长基线监测应用需求

北斗多基站长基线监测是指在特定区域内部署多个北斗基站,通过对这些基站之间的相对位置进行监测和测量,从而实现对该区域的高精度定位和监测。岛桥及岛隧接合部的北斗多基站长基线监测应用需求主要包括以下几个方面:

(1)多基站分布需求

在岛桥及岛隧接合处,需要合理布局多个基站,以确保监测覆盖区域广泛且具备高密度的位置信息。这有助于提高定位的准确性和监测的灵敏度。

(2)长基线监测需求

通过采用长基线监测,可以有效克服传统短基线监测的限制,提高测量精度。这对于岛桥及岛隧接合处这种相对较大且复杂的结构非常重要。

2.4 本章小结

本章介绍了跨海通道不同结构体对5G + 北斗监测技术的需求情况。对通航孔桥结构体、人工岛结构体、岛桥及岛隧接合部的监测内容进行了详细说明,并提出了各个结构体对北斗、5G等技术融合监测的具体需求。

跨海通道5G+北斗
监测关键技术

3.1 北斗多基站长基线高精度监测技术

在桥梁变形监测领域,GNSS 发挥着至关重要的作用,其中以我国北斗卫星导航系统为代表。传统的单站或网络实时动态(RTK)技术已经在监测点的毫米级变形监测中取得显著进展。然而,由于跨海通道所处环境的复杂性及其结构的特殊性,将传统 RTK 技术直接应用于其变形监测存在一定的技术短板和缺陷。为了克服这些问题,近年来北斗多基站长基线精密单点实时动态定位(PPP-RTK)技术应运而生,成为跨海通道高精度变形监测的新兴手段。

3.1.1 北斗多基站长基线 PPP-RTK 监测的函数模型和随机模型

针对跨海通道的特殊环境,本书着眼于构建适应多基站长基线 PPP-RTK 监测的函数模型和随机模型。充分考虑跨海通道结构的复杂性,优化了监测函数模型,提高了监测精度。同时,设计合理的随机模型,使监测结果更具可靠性和稳定性。

1)GNSS 组合数据模型

为了弥补双差模型的局限性,非差数据处理方法应运而生。尽管消除某些误差参数的基本思想并未改变,但新方法不再依赖于差分,而是通过观测值的线性组合来消除这些误差,从而形成了(非差)组合数据处理技术。常用的组合模型包括消电离层组合、宽巷组合、窄巷组合和墨尔本-维贝纳(MW)组合等。

这些组合观测值在参数域中能够直接消除电离层延迟,进而减少需要估计的参数数量。消电离层组合数据处理模式的另一大优势在于,它基于单测站非差观测值,这意味着每个测站的所有观测值都可以被充分利用,从而避开了双差模型中的卫星共视约束。然而,消电离层组合也未能完全摆脱参数消除的概念,因为在参数域中消除电离层参数的同时,也带来了难以对其进行有效约束的问题。

2）GNSS 非差非组合数据模型

差分或组合数据处理模型各有利弊，且均未摆脱参数消除的思想而导致某些观测信息或约束信息难以利用。原始观测方程保留了所有原始参数，保证了对某些参数施加约束的可能性。基于这一思想，非差非组合数据处理方法应运而生。

如何利用奇异基理论识别并消除 GNSS 原始观测方程的秩亏？为避免冗余但不失一般性，仅讨论接收机相位偏差 $\delta_{r,j}$、卫星相位偏差 $\delta_{i,j}^s$ 和模糊度 $z_{r,j}^s$ 之间的秩亏。在实际应用过程中，设计矩阵的零空间不一定容易求得，一种更简洁直观的方式是判别对某些参数的任意扰动是否会引起观测方程的改变。若不改变，则认为这些参数之间线性相关，独立扰动的个数即为秩亏数。例如，很容易验证，对接收机相位偏差 $\delta_{r,j}$ 的任意 $\gamma_{r,j}$ 扰动，均可被模糊度 $z_{r,j}^s$ 补偿，见式（3.1-1）：

$$E\left[\phi_{r,j}^s\right] = M_r^s + (\delta_{r,j} + \gamma_{r,j}) - \delta_{r,j}^s + \lambda_j(z_{r,j}^s - \gamma_{r,j}/\lambda_j) \qquad (3.1\text{-}1)$$

式中：$\phi_{r,j}^s$——以周期为单位的载波相位观测角；

λ_j——以米为单位的载波波长；

M_r^s——除相位偏差和模糊度外的所有参数之和。

式（3.1-1）中的扰动个数等于接收机相位偏差参数的个数，即 f_n，意味着接收机相位偏差与模糊度之间存在 f_n 个秩亏。

同样地，对卫星相位偏差 $\delta_{r,j}^s$ 的任意 $\gamma_{r,j}^s$ 扰动也能被模糊度 $z_{r,j}^s$ 补偿，见式（3.1-2）：

$$E\left[\phi_{r,j}^s\right] = M_r^s + \delta_{r,j} - (\delta_{r,j}^s + \gamma_{r,j}^s) + \lambda_j(z_{r,j}^s + \gamma_{r,j}^s/\lambda_j) \qquad (3.1\text{-}2)$$

式中，扰动个数等于卫星相位偏差参数的个数，即 f_m，则秩亏数为 f_m。

在秩亏消除过程中，秩亏数决定基准参数数目，并将基准参数组合至其余参数形成新的可估参数。为保证模糊度的整数特性，可估模糊度不能吸收任何偏差参数。基于这一准则，笔者将 $z_{1,j}^s, z_{r\neq1,j}^1$ 和 $\delta_{1,j}$ 共 $f_m + f_n$ 个参数选为基准，并将相位观测方程改写为式（3.1-3）：

$$E\left[\phi_{r,j}^s\right] = M_r^s + (\delta_{1r,j} + \lambda_j z_{1r,j}^1) - \frac{\delta_{r,j}^s - \delta_{1,j} - \lambda_j z_{1,j}^s}{\sqrt{\delta_j^s}} + \lambda_j z_{1r,j}^{1s} \qquad (3.1\text{-}3)$$

$\delta_{r,j}$ 为重组的接收机相位偏差,它吸收第 1 个测站的接收机相位偏差和第 1 颗卫星的站间单差模糊度;δ^s 为重组的卫星相位偏差,它吸收第 1 个测站的接收机相位偏差和对应卫星的模糊度。模糊度则组合为双差模糊度,与双差模型中的可估模糊度一致。

容易验证,重组的接收机相位偏差、卫星相位偏差和模糊度的列向量之间不再线性相关。其余参数间的秩亏可按上述方法逐一识别并消除,并最终构建起满秩的非差非组合观测方程。

3)随机模型

随机模型描述了观测值的精度水平、系统的动态变化及其参数的随机特性等。一个合理的随机模型对于精密单点定位解算精度的提升大有裨益,其中使用较为广泛的是基于卫星高度角和信噪比(或信号强度)的随机模型。

(1)高度角定权

由于对流层延迟、电离层延迟及多路径效应与卫星的高度角密切相关,因此,目前的许多开源定位软件中,高度角的加权模型被广泛运用,高度角定权实际上就是将观测值噪声表达成与卫星高度角有关的函数,一般为指数函数或正余弦函数。

(2)信噪比定权

接收机信噪比(SNR)与观测噪声密切相关,是衡量测距信号质量的重要指标,它定义为接收信号功率与接收机噪声功率谱密度的比值。基于高度角的加权模型不能很好地反映实际卫星信号质量,因为卫星信号可能受到建筑物等遮挡物的影响。相比之下,基于信噪比的定权模型更符合实际情况,可以更准确地反映测距精度的优越性。

3.1.2 长基线电离层约束方法

与常规 PPP-RTK 模型相比,引入区域电离层变化作为加权约束条件引起的秩亏类型有所不同,推导满秩函数模型的经验方法无法直接套用。此外,与双频相比,北斗多频存在更多偏差参数,秩亏问题更为复杂,如何有效识别秩亏类型、确定秩亏数量,选取适当基准参数,明确可估参数数学解释,是建立满秩函数模型的关键步骤。

（1）电离层加权 UDUC PPP-RTK 网络模型，见式（3.1-4）：

$$\begin{cases} d_{r,j} = d_{r,\text{IF}} + \mu_j d_{r,\text{GF}} \\ d_j^s = d_{\text{IF}}^s + \mu_j d_{\text{GF}}^s \end{cases} \tag{3.1-4}$$

式中：μ_j——电离层系数；

$\quad$ $d_{r,j}$——接收机码偏差；

$\quad$ d_j^s——卫星码偏差；

$d_{r,\text{IF}}$、d_{IF}^s——接收机和卫星的无电离层（IF）组合码偏差；

$d_{r,\text{GF}}$、d_{GF}^s——接收机和卫星的无几何（GF）组合码偏差。

对于大跨度桥梁变形监测，参考台网站间距离小于100km的情况，可以在电离层参数中加入约束，提高模型强度。这是通过添加电离层伪观测值来实现的，见式（3.1-5）：

$$\begin{cases} E\left[p_{r,j}^s \right] = dt_r - dt^s + \mu_j l_r^s + d_{r,\text{IF}} + \mu_j d_{r,\text{GF}} - d_{\text{IF}}^s - \mu_j d_{\text{GF}}^s + m_r^s \tau_r \\ E\left[\phi_{r,j}^s \right] = dt_r - dt^s - \mu_j l_r^s + \delta_{r,j} - \delta_j^s + \lambda_j z_{r,j}^s + m_r^s \tau_r \\ E\left[l_{1r}^s \right] = l_r^s - l_1^s \end{cases} \tag{3.1-5}$$

式中：r——接收机号；

$\quad$ j——观测信号频点；

$\quad$ s——卫星号；

$\quad$ $p_{r,j}^s$——伪距观测值（m）；

$\quad$ dt_r——接收机钟差（m）；

$\quad$ dt^s——卫星钟差（s）；

$\quad$ l_r^s——电离层延迟误差（m）；

$\quad$ l_1^s——参考网中主站的电离层延迟误差（m）；

$\quad$ τ_r——对流层延迟误差（m）；

$\quad$ m_r^a——对流层系数（m）；

$\quad$ $\phi_{r,j}^s$——以距离为单位的载波相位观测值；

$\quad$ λ_j——以米为单位的载波波长值；

$\quad$ $z_{r,j}^s$——以周为单位的整周模糊度。

其中 $E\left[l_{1r}^s \right] = 0$，下标1表示基准接收机或卫星。约束的强度由一个依赖于参考站间隔的随机模型来控制。

若只考虑双频数据,则基于双频数据集的满秩电离层加权 UDUC PPP-RTK 网络模型见式(3.1-6)

$$
\begin{cases}
E\left[p_{r,j}^{s} \right] = m_r^s \tilde{\tau}_r + d\tilde{t}_r - d\tilde{t}^s + \mu_j \tilde{l}_r^s + \mu_j \tilde{d}_{r,\mathrm{GF}} \\
E\left[\phi_{r,j}^{s} \right] = m_r^s \tilde{\tau}_r + d\tilde{t}_r - d\tilde{t}^s - \mu_j \tilde{l}_r^s + \tilde{\delta}_{r,j} - \tilde{\delta}_j^s + \lambda_j \tilde{z}_{r,j}^s \\
E\left[l_{1r}^{s} \right] = \tilde{l}_r^s - \tilde{l}_1^s
\end{cases} \tag{3.1-6}
$$

式中:$d\tilde{t}_r$——满秩可估的接收机钟差(m);

$\quad d\tilde{t}^s$——满秩可估的卫星钟差(s);

$\quad \tilde{l}_r^s$——满秩可估的电离层延迟误差(m);

$\quad \tilde{\tau}_r$——满秩可估的对流层延迟误差(m);

$\quad \tilde{\delta}_{r,j}$——满秩可估的接收机相位偏差(m);

$\quad \tilde{\delta}_j^s$——满秩可估的卫星相位偏差(m);

$\quad \tilde{z}_{r,j}^s$——以周为单位的满秩可估的整周模糊度。

电离层加权 PPP-RTK 模型的随机模型方差涉及 GNSS 观测值和电离层伪观测值,见式(3.1-7):

$$
Q = \mathrm{blkdiag}(Q_{yy}, Q_I) \tag{3.1-7}
$$

其中,blkdiag 表示块对角矩阵。GNSS 伪距/相位观测值的随机模型 Q_{yy} 是基于高程相关加权的方案,Q_I 是电离层伪观测值随机模型。

(2)电离层加权 UDUC PPP-RTK 用户模型

在电离层加权的 UDUC PPP-RTK 用户模型中,秩亏问题与网络模型类似。在用户模型中,引入了用户的位置参数。状态空间(SSR)校正参数由网络模型提供给用户模型。满秩可估的卫星钟差 $d\tilde{t}^s$ 和卫星相位偏差 $\tilde{\delta}_j^s$ 由网络模型估计,并分别用于直接校正用户模型中的卫星钟误差和卫星相位偏差。用户站的电离层参数 $E[l_u^s]$ 是通过对从网络模型估计的电离层参数进行插值来获得的。同时,电离层参数增加了约束条件,满秩电离层加权 PPP-RTK 用户模型见式(3.1-8):

$$
\begin{cases}
E\left[p_{u,j}^{s} + d\tilde{t}^s \right] = m_u^s \tilde{\tau}_u + e_u^s \Delta x + d\tilde{t}_u + \mu_j \tilde{l}_u^s + \mu_j \tilde{d}_{u,\mathrm{GF}} \\
E\left[\phi_{u,j}^{s} + d\tilde{t}^s + \tilde{\delta}_j^s \right] = m_u^s \tilde{\tau}_u + e_u^s \Delta x + d\tilde{t}_u - \mu_j \tilde{l}_u^s + \tilde{\delta}_{u,j} + \lambda_j \tilde{z}_{u,j}^s \\
E\left[l_u^s \right] = \tilde{l}_u^s
\end{cases} \tag{3.1-8}
$$

式中：$\tilde{\tau}_u$——可估对流层；

m_u^s——对流层投影函数；

$\tilde{dt}_u$——满秩可估的用户接收机钟差(m)；

$\tilde{l}_u^s$——满秩可估的电离层延迟误差(m)；

$\tilde{d}_{u,\text{GF}}$——可估码偏差无几何组合参数；

$\tilde{\delta}_{u,j}$——满秩可估的接收机相位偏差(m)；

$\tilde{z}_{u,j}^s$——以周为单位的满秩可估的整周模糊度。

与网络模型类似，随机模型采用基于卫星高度角相关的加权方案，用户站模糊度是双差模糊度，并且可以进行整数模糊度估计。最小二乘相关法(LAMBDA)已用于整数模糊度的固定，最终用户站可以获得模糊度固定解。

3.1.3　基于数值天气预报模型的对流层增强技术

针对 GNSS 对流层误差的处理，主流的处理方案是采用估计法，即将其作为待估参数，并与位置、钟差等作为未知参数一同估计。这种方法不需要外部数据源且精度较高，但收敛时间较长。近年来，数值天气预报模型(NWP)的精度和空间分辨率的显著提高使得对流层的精细化处理成为可能，且 NWP 模型在GNSS 对流层湿延迟处理中也得到应用。

(1)天气研究预测(WRF)模型

WRF 模型是一种前沿的中尺度 NWP 模型。由于其卓越的天气预报能力，常被用于对某一特定区域内(如粤港澳大湾区)的三维气象参数，如降水、大气湿度、温度、压强等进行数小时、数天乃至数周的精准预报。WRF 模型有着灵活的时空分辨率设置，用户可根据自身需求设置其预报时空分辨率(如逐小时时间分辨率及数千米水平空间分辨率)。因此，WRF 预报的气象参数可为大桥监测提供实时及预报的对流层延迟改正，从而提高跨海通道监测的精度及可靠性。此外，WRF 模型的数据同化系统，可以将外部精确的观测数据同化至 WRF 模型内，进一步提升 WRF 模型的预报精度。将 WRF 预报的对流层湿延迟用于增强GNSS 精密单点定位 PPP，其静态 PPP 高程方向定位精度可提升 42.3%，动态PPP 高程方向定位精度可提升达 33.6%。

（2）WRF 增强的 PPP-RTK 定位模型

为给 PPP-RTK 算法提供实时精密的水汽产品，使用 NWP 模型，如国家环境预测模型（NCEP）、全球环境预测系统模型（GFS）的近实时预报产品作为 WRF 模型的预报初始场来初始化 WRF 模型，从而对港珠澳大桥区域三维大气状态进行短时预报。同时使用三维变分（3D VAR）等先进同化方法，将外部高质量的水汽数据，如 GNSS PWV，各类遥感卫星，如哨兵三号（Sentinel-3）、中分辨率成像光谱卫星（MODIS）、中国风云（Fengyun）卫星等，水汽观测值同化至 WRF 模型中，进一步提升 WRF 模型的预报精度。基于 WRF 模型得到的精密水汽产品，构建水汽增强 PPP-RTK，为算法中的天顶对流层湿延迟参数（ZWD）提供约束或校正。

为将高精度的 WRF-ZWD 信息用于 PPP-RTK 算法，本书拟将融合模式分为两种形式：WRF-ZWD 约束模型和 WRF-ZWD 固定模型。首先给出满秩 WRF-ZWD 约束服务端模型，见式（3.1-9）：

$$\begin{cases} E[p_{r,j}^s] = m_r^s \tilde{\tau}_r + d\tilde{t}_r - d\tilde{t}^s + \mu_j \tilde{l}_r^s + \mu_j \tilde{d}_{r,\mathrm{GF}} \\ E[\phi_{r,j}^s] = m_r^s \tilde{\tau}_r + d\tilde{t}_r - d\tilde{t}^s - \mu_j \tilde{l}_r^s + \tilde{\delta}_{r,j} - \tilde{\delta}_j^s + \lambda_j \tilde{z}_{r,j}^s \\ E[l_{1r}^s] = \tilde{l}_r^s - \tilde{l}_1^s, E[\tilde{\tau}_{1r}] = \tau_r - \tau_1 \end{cases} \quad (3.1\text{-}9)$$

在该模型中，PPP-RTK 服务端中仍继续估计对流层参数，WRF-ZWD 信息在此模型中以虚拟观测值 $E[\tilde{\tau}_{1r}]$ 的方式为对流层参数施加约束。其约束强度取决于为其设置的基于 WRF-ZWD 精度的先验对流层伪观测值随机信息。类似地，满秩 WRF-ZWD 约束用户端模型可表示为式（3.1-10）：

$$\begin{cases} E[p_{u,j}^s + d\tilde{t}^s] = m_u^s \tilde{\tau}_u + e_u^s \Delta x + d\tilde{t}_u + \mu_j \tilde{l}_u^s + \mu_j \tilde{d}_{u,\mathrm{GF}} \\ E[\phi_{u,j}^s + d\tilde{t}^s + \tilde{\delta}_j^s] = m_u^s \tilde{\tau}_u + e_u^s \Delta x + d\tilde{t}_u - \mu_j \tilde{l}_u^s + \tilde{\delta}_{u,j} + \lambda_j \tilde{z}_{u,j}^s \\ E[l_u^s] = \tilde{l}_u^s, E[\tau_u] = \tilde{\tau}_u \end{cases}$$

$$(3.1\text{-}10)$$

与服务端模型类似，用户端也是通过引入对流层伪观测值 $E[\tau_u]$ 的形式对用户的对流层施加约束。

另一种策略是采用 WRF-ZWD 固定模型，首先给出满秩 WRF-ZWD 固定模型服务端函数模型，见式（3.1-11）：

$$\begin{cases} E\left[p_{r,j}^s - m_r^s \tilde{\tau}_r \right] = d\tilde{t}_r - d\tilde{t}^s + \mu_j \tilde{l}_r^s + \mu_j \tilde{d}_{r,\mathrm{GF}} \\ E\left[\phi_{r,j}^s - m_r^s \tilde{\tau}_r \right] = d\tilde{t}_r - d\tilde{t}^s - \mu_j \tilde{l}_r^s + \tilde{\delta}_{r,j} - \tilde{\delta}_j^s + \lambda_j \tilde{z}_{r,j}^s \\ E\left[l_{1r}^s \right] = \tilde{l}_r^s - \tilde{l}_1^s \end{cases} \quad (3.1\text{-}11)$$

在 WRF-ZWD 固定模型中,PPP-RTK 算法中的 ZWD 直接采用 WRF 模型得到的 ZWD 进行校正,不再估计。类似地,满秩 WRF-ZWD 固定模型用户端函数模型见式(3.1-12):

$$\begin{cases} E\left[p_{u,j}^s + d\tilde{t}^s - m_u^s \tilde{\tau}_u \right] = e_u^s \Delta x + d\tilde{t}_u + \mu_j \tilde{l}_u^s + \mu_j \tilde{d}_{u,\mathrm{GF}} \\ E\left[\phi_{u,j}^s + d\tilde{t}^s + \tilde{\delta}_j^s - m_u^s \tilde{\tau}_u \right] = e_u^s \Delta x + d\tilde{t}_u - \mu_j \tilde{l}_u^s + \tilde{\delta}_{u,j} + \lambda_j \tilde{z}_{u,j}^s \\ E\left[l_u^s \right] = \tilde{l}_u^s \end{cases}$$

$$(3.1\text{-}12)$$

基于 WRF 提供的局部高时空分辨率三维大气场,利用自主的三维射线追踪(APM-3D)方法,计算各卫星信号路径上的静力学和湿斜延迟,通过约束或直接改正观测信息,提高 PPP-RTK 服务端计算精度和收敛速度,具体步骤与上面的讨论类似。

非差非组合 PPP-RTK 模型,结合高精度的数值天气预报模型 WRF 所提供的 ZWD,可以构建大气增强的非差非组合 PPP-RTK 模型,从而加强其定位收敛时间,提高 PPP-RTK 在对流层活跃状况,特别是极端天气下的定位稳定性。

3.1.4　多路径削减的 PPP-RTK 技术

(1)多路径特性

多径效应是 GNSS 高精度定位的重要误差源之一。当 GNSS 天线接收到来自 GNSS 卫星的直接信号和来自周围物体的间接信号时,就会发生这种情况。多径效应会使相位和伪距观测值失真,并对定位结果产生负面影响。根据多径的特性,本书可以将天线处的载波相位信号与反射和衍射信号表示如式(3.1-13):

$$E_t e^{2\pi ft + \phi} = E_d e^{2\pi ft} + E_r(\hat{n}) e^{2\pi ft + \theta(\hat{n})} \quad (3.1\text{-}13)$$

式中:$E_t e^{2\pi ft + \phi}$——天线接收的总载波相位值,由直接信号 $E_d e^{2\pi ft}$ 和来自所有反射源的反射信号 $E_r(\hat{n}) e^{2\pi ft + \theta(\hat{n})}$ 组成,其中 $\hat{n}$ 表示单位向量的方向。

在北斗/GNSS 桥梁变形监测中,海面和桥塔结构都是较大的反射源,可以放大多径效应。因此,多径校正在研究中是必要的。对于桥梁 GNSS 监测站,站周围反射器的反射特性可以被认为是不变的。这意味着,反射信号仅取决于从 GNSS 卫星到接收器天线的入射信号的方向。在此基础上,可以利用 GNSS 轨道的重复性特征进行多径建模。

(2)多径提取和建模

在 PPP-RTK 用户模型中,监测站的位置被认为是动态的,位置变化可以被吸收到估计的位置参数中。因此,PPP-RTK 用户模型的观测残差主要由观测噪声和多径误差两部分组成。观测噪声是高频信号,多径误差是低频信号。通过信号处理方法可以容易地从观测残差中分离低频多径信号。例如,使用三级小波分析方法可以从北斗/GNSS 观测残差中提取多径误差,该方法可以根据信号频率分布将信号分解为八个部分。因此,可以从与多径误差相对应的低频信号频带中提取来自伪距/相位观测残差的多径误差。多径误差提取之后,可以对监测站高程和方位空间域中所有观测值多径误差进行建模。

3.2 北斗与 InSAR 融合监测技术

地表变形监测中,融合北斗与 InSAR 技术的三维变形提取方法具有显著的优势(表 3.2-1),能够在空间和时间上提供更全面、精确的变形信息。本节将深入介绍这一技术领域的发展、关键方法以及在实际应用中的成果。

地表变形监测一直面临着多因素、长时间尺度和广泛影响的挑战。单一技术手段难以应对这些复杂情况,因此,融合多源数据具备极大的应用潜力。融合北斗与 InSAR 技术,旨在解决传统监测方法在空间覆盖和时间分辨率上的不足,以及在复杂地质中应用的局限性。

InSAR 技术与北斗比较 表 3.2-1

指标	InSAR	北斗
观测量	视线向(一维)	水平、垂直向(三维)
时间分辨率	周期性(数天至数十天)	近连续(采样率可达 200Hz)

续上表

空间分辨率	空间连续、面状覆盖	离散点
获取变形量	相对量	绝对量和相对量
垂直方向变形敏感度	敏感	相对不敏感
现场作业	无须	需布设接收机

3.2.1　PS-InSAR 技术

PS-InSAR 方法首先在 SAR 图像中选出那些在长时间范围内能保持高相关性的目标点,并定义为 PS 点。当选出 PS 点后,可以通过信号估计理论,估计并补偿误差相位项。最后,再获取 PS 点处的形变信息。同时,由于对外部数字高程模型(DEM)不精确引入的误差相位项进行了估计,算法也获取了外部 DEM 的误差信息。因此,除了摄取 PS 点的形变信息外,PS-InSAR 技术的产品还包含 PS 点的准确位置信息。PS-InSAR 形变监测技术处理流程如图 3.2-1 所示。

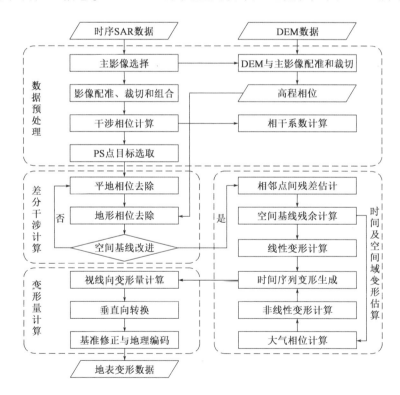

图 3.2-1　PS-InSAR 变形监测技术处理流程图

3.2.2 基于北斗数据核验的 CR-InSAR 高精度变形监测

人工角反射器(CR 点)特指那些利用导电性能和导磁性能良好、电容率大的金属材料做成的一种点状人工地物目标,形成人工的永久散射体(PS),通过 PS-InSAR 技术对目标进行信息处理,CR-InSAR 技术是对重点区域开展变形监测的有效手段。

角反射器在 SAR 图像中是强散射体,在数据中的相位误差和定位误差都远低于其他自然目标。因此,针对角反射器位置处的 InSAR 变形测量精度和 Offset Tracking 变形测量精度都远高于其他目标的测量精度。同时,基于角反射器位置处的 SAR 变形处理,只需要 2 幅 SAR 数据就可以开展,这样能够更便捷地提供变形监测服务。

1) 处理流程

CR-InSAR 数据处理的基本流程如图 3.2-2 所示。

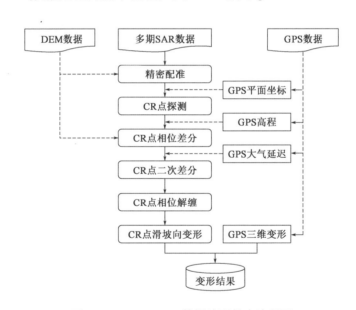

图 3.2-2 CR-InSAR 数据处理基本流程图

2) 制作要求

角反射器的制作应符合下列要求:

(1)为实现高反射性和高反射效率,需要选择表面光滑、导电性好的材料。

（2）材料宜选择铝板,铝板厚度取3mm。

（3）确保三块金属板之间的相互垂直关系,要求角度加工误差不超过±1°。

（4）在角反射器顶底处设置漏水孔,避免积水影响其反射路线。

（5）根据雷达数据轨道信息来调整角反射器的底边方位角,并使角反射器的底边与卫星飞行方向平行。

（6）应注意保证角反射器在野外可以微调(方位角和仰角方向),并要保证其具有稳固性。

3）基于北斗数据的精度核验

在基于北斗数据的精度核验中,评估成果精度的主要参数包括中误差、平均误差和相关系数。中误差和平均误差主要关注误差的大小和分布情况,能够直观地反映数据集的精度水平。相关系数则侧重于分析数据之间的关联性,有助于发现数据中的异常值和系统性偏差。综合使用这些参数可以全面评估北斗数据的精度和可靠性。

（1）平均误差和中误差

以北斗监测站测点测量结果为真值,InSAR测量沉降量为观测值,以北斗监测站测点测量值与InSAR测量值互差中误差的无偏估计为指标,检验InSAR测量的精度。计算公式见式(3.2-1)、式(3.2-2):

平均误差:

$$\partial = \pm \frac{\sum\limits_{i=1}^{n} |dL_i - dI_i|}{n} \tag{3.2-1}$$

中误差:

$$m = \pm \sqrt{\frac{\sum\limits_{i=1}^{n} (dL_i - dI_i)^2}{n-1}} \tag{3.2-2}$$

式中:dL_i——GNSS观测值;

　　dI_i——InSAR观测值;

　　n——观测值个数。

（2）相关系数

利用相关系数检验InSAR与北斗测量结果的相关程度,相关系数ρ的计算

公式见式(3.2-3):

$$\rho = \frac{n\sum_{i=1}^{n}dL_i dI_i - \sum_{i=1}^{n}dL_i \cdot \sum_{i=1}^{n}dI_i}{\sqrt{n\sum_{i=1}^{n}dL_i - (\sum_{i=1}^{n}dL_i)^2} \cdot \sqrt{n\sum_{i=1}^{n}dI_i - (\sum_{i-1}^{n}dI_i)^2}} \tag{3.2-3}$$

3.3 北斗与惯导融合监测技术

3.3.1 北斗与惯导松组合与紧组合方法

北斗与惯导融合算法结合了北斗测量和惯导测量的优势,不仅可以观测到永久性位移,保证位移不漂移,还可以捕捉到更丰富、更高频的信号。北斗与惯导的融合处理可以有两个选择,一个是基于卡尔曼滤波的松组合,松组合基于北斗定位结果再进行融合;另一个是基于平方根信息滤波的紧组合,紧组合从观测值域就进行北斗数据和惯导数据组合。

1)北斗与惯导松组合方法

本书中的松组合方法采用了自适应卡尔曼滤波。构建的卡尔曼滤波松组合系统模型和观测模型分别见式(3.3-1)、式(3.3-2):

$$x_k = \phi_{k-1}x_{k-1} + B_{k-1}u_{k-1} + w_{k-1} \qquad w_{k-1} \sim N(0, Q_{k-1}) \tag{3.3-1}$$

$$z_k = H_k x_k + \varepsilon_k \qquad \varepsilon_k \sim (0, R_k) \tag{3.3-2}$$

式中: x_k——状态量,包括三维位移和速度数据;

ϕ_{k-1}——从时刻 t_{k-1} 到 t_k 的状态转移矩阵;

u_{k-1}——系统输入向量,即高频三维加速度数据;

B_{k-1}——输入矩阵;

w_{k-1}——系统噪声,服从正态分布;

Q_{k-1}——系统噪声的协方差矩阵;

z_k——卡尔曼滤波观测量,即 GNSS 三维位移;

ε_k——测量噪声,服从正态分布;

R_k——测量噪声的协方差矩阵;

H_k——联系观测量与状态量的设计矩阵。

利用加速度数据进行时间预测,得到状态量 x_k 和协方差矩阵 P_k 的预测值。

进行的时间预测过程见式(3.3-3)、式(3.3-4):

$$\hat{x}_{k,k-1} = \phi_{k-1}\hat{x}_{k-1,k-1} + B_{k-1}u_{k-1} \qquad (3.3-3)$$

$$P_{k,k-1} = \phi_{k-1}P_{k-1,k-1} + \phi_{k-1}^{\mathrm{T}} + Q_{k-1} \qquad (3.3-4)$$

式中: $\hat{x}_{k,k-1}$ ——k 时刻时间预测的状态量($\hat{x}$ 表示估计的量);

$\hat{x}_{k-1,k-1}$ ——上一时刻测量更新的状态量;

$P_{k,k-1}$ ——k 时刻时间预测的协方差矩阵;

$P_{k-1,k-1}$ ——上一时刻测量更新的协方差矩阵。

进行的测量更新过程见式(3.3-5) ~ 式(3.3-7):

$$K_k = P_{k,k-1}H_k^{\mathrm{T}}(H_kP_{k,k-1}H_k^{\mathrm{T}} + \hat{R}_k)^{-1} \qquad (3.3-5)$$

$$\hat{x}_{k,k} = \hat{x}_{k,k-1} + K_kV_k \qquad (3.3-6)$$

$$P_{k,k} = (I - K_kH_k)P_{k,k-1}(I - K_kH_k)^{\mathrm{T}} + K_k\hat{R}_kK_k^{\mathrm{T}} \qquad (3.3-7)$$

式中: K_k ——状态增益矩阵;

$\hat{x}_{k,k}$、$P_{k,k}$ ——k 时刻测量更新后的值;

I ——单位矩阵。

在新息判断中,如果检测出观测值中误差较大,才通过加权矩阵 F_k 调整观测噪声协方差矩阵 $\hat{R}_k$,进而调整状态增益矩阵 K_k,从而间接调整 $\hat{x}_{k,k}$ 和 $P_{k,k}$。

2)北斗与惯导紧组合方法

紧组合算法按照北斗数据和加速度数据建立观测方程,从观测值域进行组合。当平方根信息滤波用于北斗数据处理时,三类参数分别为过程参数、状态参数(随时间变化)和偏差参数,本书分别用 p、x、s 表示。参数在历元间的变换公式见式(3.3-8):

$$\begin{bmatrix} x(k-1) \\ p(k+1) \\ s \end{bmatrix} = \begin{bmatrix} V_x(k) & V_p(k) & V_s(k) \\ 0 & M(k) & 0 \\ 0 & 0 & I \end{bmatrix} \begin{bmatrix} x(k) \\ p(k) \\ s \end{bmatrix} + \begin{bmatrix} 0 \\ w(k) \\ 0 \end{bmatrix} \qquad (3.3-8)$$

式中: $w(k)$ ——独立的随机过程噪声,噪声服从均值为 0 的正态分布,可以采用 $z_w = r_ww(k)$,其中 r_w 为过程噪声的标准差。

测量更新和时间状态更新是其关键的两个组成部分,具体说明如下:

(1)测量更新

把当前历元的测量信息更新到信息矩阵中,历元之间不断更新,可以实现连续的滤波测量更新。

$$\begin{bmatrix} \tilde{R}(0) & \tilde{z}(0) \\ B(0) & z(0) \end{bmatrix} \rightarrow \begin{bmatrix} \tilde{R}(1) & \tilde{z}(1) \\ B(1) & z(1) \end{bmatrix} \rightarrow \cdots \rightarrow \begin{bmatrix} \tilde{R}(n) & \tilde{z}(n) \\ B(n) & z(n) \end{bmatrix}$$

(2)时间状态更新

到时间更新后的第 $k+1$ 历元的信息矩阵方程,见式(3.3-9):

$$\begin{bmatrix} \hat{R}_x & \hat{R}_{xp} & \hat{R}_{xp} \\ 0 & \hat{R}_p & \hat{R}_{ps} \\ 0 & 0 & \hat{R}_s \end{bmatrix}_{k+1} \begin{bmatrix} x(k+1) \\ p(k+1) \\ s \end{bmatrix} = \begin{bmatrix} \hat{z}_x \\ \hat{z}_p \\ \hat{z}_s \end{bmatrix}_{k+1} \qquad (3.3\text{-}9)$$

紧组合模型的公式见式(3.3-10):

$$\begin{cases} \delta L_{i,if}^{j} = \delta \rho_j^i + c\delta \hat{t}_i + m_i^j \delta T_i + \lambda_{if} \delta \hat{N}_{i,if}^j + \varepsilon_{i,L}^j \\ \delta P_{i,if}^{j} = \delta \rho_j^i + c\delta \hat{t}_i + m_i^j \delta T_i + \varepsilon_{i,P}^j \end{cases} \qquad (3.3\text{-}10)$$

式中:δ——参数估计增量,其中坐标改正由于引入了速度和加速度的状态变量,由三部分组成,即 $\delta p_i^j = \begin{bmatrix} \delta x & v & a \end{bmatrix}^{\mathrm{T}}$;

$\varepsilon_{i,L}^j$——测量噪声,满足正态分布 $(0, \sigma_L^2)$。

另外,观测模型中除了基本的载波相位和伪距观测方程外,还有伪观测方程约束,同样可作为观测方程加入,见式(3.3-11):

$$A = a + b + \varepsilon_a \qquad (3.3\text{-}11)$$

式中:A——改正后的加速度计测量值;

a——真实的加速度值;

b——加速度基线漂移偏差,基线漂移偏差作为待估参数,基于随机游走进行参数估计;

ε_a——加速度的随机噪声,满足零均值的正态分布 $(0, \sigma_A^2)$。

为了方便处理,本书没有考虑由于仪器倾斜旋转对观测数据造成的其他误差,只对基线偏差进行了模型估计改正。

时间更新的参数更新展示了前后历元状态和位移参数更新的转换方程,转

换公式在时间更新中发挥作用,见式(3.3-12):

$$\begin{bmatrix} \delta x(k) \\ v(k) \\ a(k) \end{bmatrix} = \begin{bmatrix} 1 & \tau & \tau^2/2 \\ 0 & 1 & \tau \\ 0 & 0 & 1 \end{bmatrix} \begin{bmatrix} \delta x(k-1) \\ v(k-1) \\ a(k-1) \end{bmatrix} \qquad (3.3\text{-}12)$$

式中:$[\delta x(k)\ \ v(k)\ \ a(k)]^{\mathrm{T}}$、$[\delta x(k-1)\ \ v(k-1)\ \ a(k-1)]^{\mathrm{T}}$——当前历元和上
个历元对参数
的转换关系;

τ——加速度数据的
采样间隔。

3.3.2　近实时平滑(反向滤波)技术

卡尔曼平滑是指观测值 $Z(1)$、$Z(2)$、$\cdots$、$Z(k-1)$、$Z(k)$ 对过去时刻的状态
$X(j)(j<k)$ 的最优估计,由此可见,平滑是事后对状态的估计。与滤波相比,平
滑使用了更多的观测值来估计状态,所以状态估计的噪声被减小了;从时间序列
图示上看,状态估计随时间变化更为平稳,看上去更加"平滑"了,所以把这种估
计称为平滑。

近实时平滑(图3.3-1)过程基于 RTS(Rauch-Tung-Striebel)平滑方法。

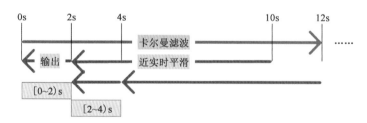

图 3.3-1　近实时平滑原理图

RTS 平滑过程见式(3.3-13)~式(3.3-16)。

$$C_k = P_{k,k} \phi_{k+1,k}^{\mathrm{T}} P_{k+1,k}^{-1} \qquad (3.3\text{-}13)$$

$$P_{k+1,k} = \phi_{k+1,k} P_{k,k} \phi_{k+1,k}^{\mathrm{T}} + Q_k \qquad (3.3\text{-}14)$$

$$\hat{x}_{k,N} = \hat{x}_{k,k} + C_k(\hat{x}_{k+1,N} - B_k u_k - \phi_{k+1,k}\hat{x}_{k,k}) \qquad (3.3\text{-}15)$$

$$P_{k,N} = P_{k,k} + C_k(P_{k+1,N} - P_{k+1,k})C_k^{\mathrm{T}} \qquad (3.3\text{-}16)$$

式中： C_k——RTS 平滑增益矩阵；

$\hat{x}_{k,N}$、$P_{k,N}$——k 时刻下估计的状态量和协方差矩阵；

$\hat{x}_{k+1,N}$、$P_{k+1,N}$——上一时刻估计的状态量和协方差矩阵（平滑过程是从后向前的）。

3.3.3　北斗与惯导融合可行性算法验证

1）模拟数据验证

为了验证北斗与惯导融合监测桥梁的可行性，首先采用模拟数据对自适应卡尔曼滤波算法进行验证，算法流程如图 3.3-2 所示，包括如下步骤：

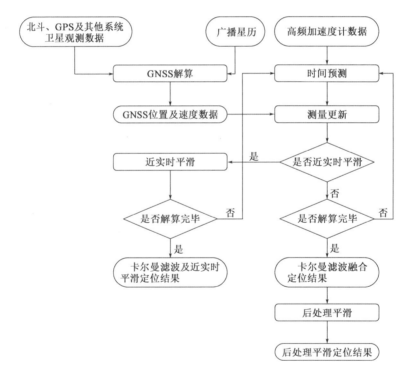

图 3.3-2　自适应卡尔曼滤波算法流程图

步骤 1，利用一定时间段内的北斗、GPS 及其他系统卫星观测数据和广播星历得到东-北-天（ENU）坐标系下的 GNSS 位移和速度数据，利用加速度计得到加速度数据，并进行时间同步。

步骤 2，构建卡尔曼滤波松组合系统模型和观测模型。

步骤3,进行自适应卡尔曼滤波计算,如果使用近实时平滑,则在计算中同时平滑。

步骤3.1,利用加速度数据进行时间预测,得到状态量 x_k 和协方差矩阵 P_k 的预测值。

步骤3.2,如果该时间内有 GNSS 位移和速度数据,则进行测量更新,先使用改进的 Sage-Husa 自适应方法更新测量噪声 R_k ,并得到状态量 x_k 和协方差矩阵 P_k 的更新值。

步骤3.3,如果采用近实时平滑,且测量更新数达到了平滑窗口所需值,则进行近实时 RTS 平滑,得到状态量 x_k 和协方差矩阵 P_k 的平滑值。

步骤4,自适应卡尔曼滤波计算结束后,如果采用后处理平滑,则选择后向 RTS 平滑,得到状态量 x_k 和协方差矩阵 P_k 的平滑值。

在自适应卡尔曼滤波算法中,将 GNSS 观测数据的噪声定义为 STDCNSS,该参数越小表示越相信 GNSS 数据,权重越大,通过改变参数 STDGNSS 来模拟在实际应用中对误差及外部环境的动态特性不清楚导致初始参数设置不准确的情况。首先使用无粗差数据,该情况下设置 STDGNSS = 0.05 为最优情况。STDGNSS = 0.05、0.005、0.0005 情况下的标准和自适应卡尔曼滤波及平滑后的结果如图 3.3-3 ~ 图 3.3-5 所示,图中 Truth 曲线为位移真值,GNSS 为 GNSS 定位结果,LC 曲线为卡尔曼滤波结果,RTS 为卡尔曼滤波 + RTS 平滑结果。X 轴外符合精度(RMS)见表 3.3-1,Z 轴外符合精度见表 3.3-2,表中 GNSS 为组合前单 GNSS 定位方法,KF 为标准卡尔曼滤波组合,AKF 为自适应卡尔曼滤波组合,RTS 为 RTS 平滑,表中数据分别为对应数据处理方法的外符合精度。

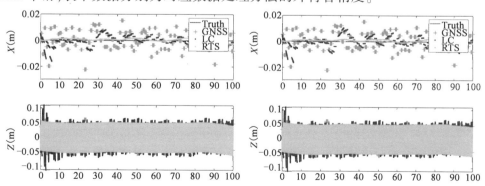

图 3.3-3　STDGNSS = 0.05 时标准卡尔曼滤波(左)和自适应卡尔曼滤波(右)

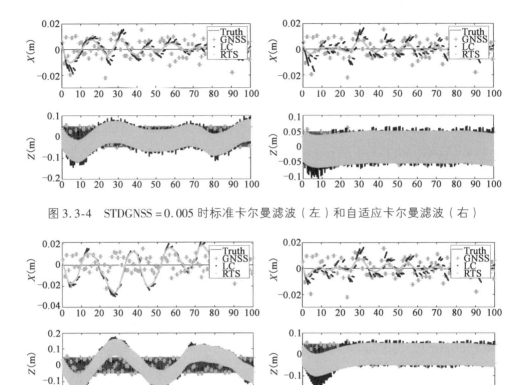

图 3.3-4　STDGNSS = 0.005 时标准卡尔曼滤波（左）和自适应卡尔曼滤波（右）

图 3.3-5　STDGNSS = 0.0005 时标准卡尔曼滤波（左）和自适应卡尔曼滤波（右）

X 轴外符合精度　　　　　　　　　　　　表 3.3-1

STDGNSS	外符合精度（m）				
	GNSS	KF	AKF	KF + RTS	AKF + RTS
0.05	0.0073	0.0035	0.0041	0.0013	0.0014
0.005	0.0073	0.0063	0.0056	0.0040	0.0023
0.0005	0.0073	0.0122	0.0055	0.0114	0.0026

Z 轴外符合精度　　　　　　　　　　　　表 3.3-2

STDGNSS	外符合精度（m）				
	GNSS	KF	AKF	KF + RTS	AKF + RTS
0.05	0.0499	0.0131	0.0123	0.0028	0.0027
0.005	0.0499	0.0324	0.0134	0.0262	0.0054
0.0005	0.0499	0.0671	0.0298	0.0637	0.0171

由上述图表可知,随着 STDGNSS 值的减小,标准卡尔曼滤波会逐渐失去精度直至不可用,而自适应卡尔曼始终保持着较高的精度,且精度较差的部分为开始几个历元"适应"的部分,将时间拉长或排除这些历元,精度会更高。同时,RTS 平滑方法对卡尔曼滤波结果改良效果较好。

然后,验证新息阈值因子的作用,在模拟数据中加入粗差,STDGNSS 取0.005,标准和自适应卡尔曼滤波及平滑后结果如图 3.3-6 所示,X 轴和 Z 轴外符合精度见表 3.3-3。加入粗差后,自适应卡尔曼滤波算法精度优于标准卡尔曼滤波算法,且经过 RTS 平滑能进一步提升定位精度,因此,新息阈值因子的引入较好地克制了粗差对于卡尔曼滤波的影响。

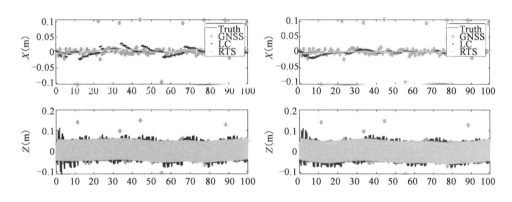

图 3.3-6 加入粗差后,标准卡尔曼滤波(左)和自适应卡尔曼滤波(右)

STDGNSS 取 0.005 时加入粗差后 X 轴和 Z 轴外符合精度　　　表 3.3-3

坐标轴	外符合精度(m)				
	GNSS	KF	AKF	KF + RTS	AKF + RTS
X	0.0307	0.0131	0.0054	0.0071	0.0017
Z	0.0571	0.0160	0.0140	0.0052	0.0056

2)试验平台验证

为了进一步验证北斗与惯导融合监测桥梁的可行性,搭建单轴振动试验平台进行试验验证。振动台搭载惯导单元和流动站天线进行垂直方向的正弦振动,如图 3.3-7 所示。试验现场如图 3.3-8 所示,左侧为单轴振动台和北斗流动站天线,中间为数据采集计算机,右侧为原子钟(覆盖雨布防止过热),后方为北斗基准站天线。

图 3.3-7　单轴振动台　　　　图 3.3-8　试验现场

　　原子钟连接流动站天线,通过北斗获取时间基准,然后通过串口同步数据采集计算机的本地时到协调世界时(UTC)。加速度计数据采集仪采集的加速度数据和振动台回传的振动台数据时标为数据采集计算机的本地时,通过外部授时后的加速度数据也就与 UTC 进行了同步。将得到的 RTK 定位结果和加速度数据进行松组合得到组合定位结果,并利用振动台回传的位移真值数据进行检验,如图 3.3-9 所示。

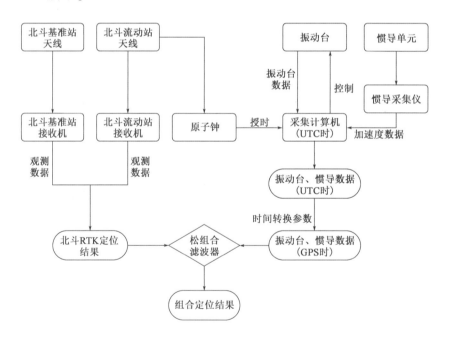

图 3.3-9　试验平台数据流程示意图

　　设计三组振动频率 1Hz、不同振幅的垂直正弦振动试验,检验北斗与惯导融合监测振动的准确性,见表 3.3-4。

试验设计参数　　　　　　　　　　　　表 3.3-4

试验编号	频率(Hz)	振幅(mm)	振动时长(min)
1	1	5	6.25
2	1	10	5.5
3	1	20	6

三组试验的融合定位结果及精度评估结果如图 3.3-10 ~ 图 3.3-12 所示。图 3.3-10a)、图 3.3-11a)、图 3.3-12a) 为融合定位结果,截取试验部分进行绘图,黑色曲线 TABLE 为单轴振动台回传的位移真值,蓝色曲线 Kalman 为北斗与惯导卡尔曼滤波松组合结果,青色曲线 RTS 为松组合后 RTS 平滑结果,红色点为北斗 RTK 定位结果;图 3.3-10b)、图 3.3 11b)、图 3.3-12b) 为精度评估结果,取外符合精度,蓝色曲线 DiffKalman 为北斗与惯导卡尔曼滤波松组合与真值的残差曲线,红色曲线 DiffRTS 为松组合后 RTS 平滑与真值的残差曲线内符合精度,STD 为对应方法的外符合精度。可见,低频率的北斗 RTK 结果完全无法还原 1Hz 的振动,且存在毫米级误差。

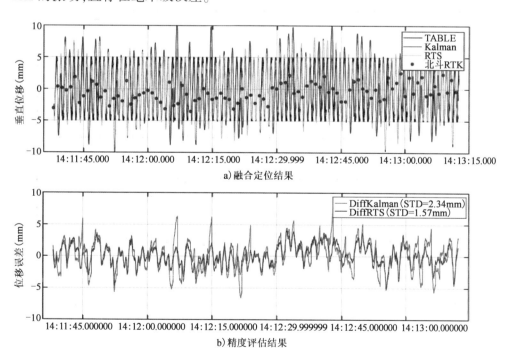

图 3.3-10　试验 1 融合定位结果及精度评估结果

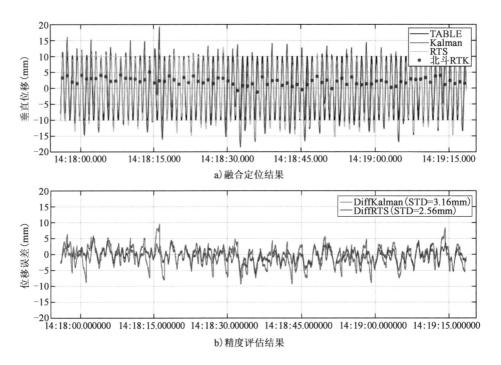

图 3.3-11　试验 2 融合定位结果及精度评估结果

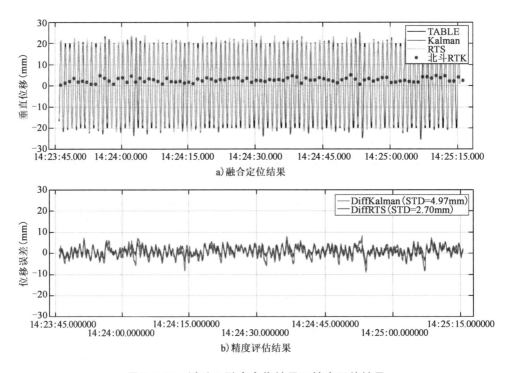

图 3.3-12　试验 3 融合定位结果及精度评估结果

在试验 1 中,由于北斗与惯导融合定位结果在一定程度上依赖于北斗 RTK 的精度,因此,相较于 5mm 振幅内符合误差较大。在试验 2 和试验 3 中,北斗 RTK 误差相较于 10mm 振幅和 20mm 振幅较小,因此,融合结果还原振动的效果也较好。同时,由三组试验可见,RTS 平滑能显著提升北斗与惯导松组合结果精度。表 3.3-5 统计了三组试验松组合和 RTS 平滑的外符合精度,可见,虽然误差随着振幅变大,但是相对精度也随之提升。

外符合精度统计

表 3.3-5

试验编号	松组合残差 STD(mm)	RTS 平滑残差 STD(mm)
1	2.34	1.57
2	3.16	2.56
3	4.97	2.70

通过上述单轴振动台模拟试验,验证了北斗与惯导组合相较于低频北斗能监测到更高频率的振动,且融合定位结果较好,经过 RTS 平滑后能进一步提高定位精度。后文在北斗与惯导融合计算时,均采用 RTS 平滑结果。

3.4 跨海通道 5G 网络全覆盖技术

3.4.1 5G 网络架构

基于跨海通道应用系统建设需要,设计如图 3.4-1 所示的 5G 网络架构。

汇聚环:优先采用 200GE 端口环形组网,并采用裸纤组网[光传输网络 (OTN)];仅在物理路由过长的场景(大于 80km)采用 100GE 端口环形组网,通过 OTN 系统承载。

接入环:接入层切片分组网(SPN)采用 50GE/10GE 端口环形组网[以 50GE 端口速率组网为主,部分业务预测流量较低区域的分布式无线接入网(DRAN) 站点可暂时采用 10GE 端口速率组网]。

接入环路节点数目:接入环主环路上 SPN 节点数控制在 8 ~ 10 个[DRAN 站点每端 SPN 等效 1 个节点、集中式无线接入网(CRAN)小集中站点每端 SPN 等

效 2 个节点、CRAN 大集中站点每端 SPN 等效 4 个节点],整环(含链及环带环)
SPN 接入设备端数原则上不超 12 个。

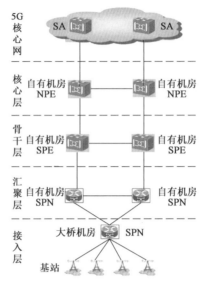

图 3.4-1　5G 网络架构示意图

内部网关协议(IGP)域规划:汇聚环和接入环组成一个或多个 IGP 域。每
对服务提供商边缘(SPE)下带网元节点总数不超过 2000 个,当单个域内节点超
过一定规模时(各个厂家能力不同),按需划分为 3 ~ 5 个 IGP 域。

3.4.2　5G 基站部署

由于跨海通道的特殊性,基于 5G 的应用系统建设方案需要保证客户数据不
出岛的数据安全性,以及网络传输的高可靠性,因此需要借助 5G 专网、边缘计
算。通过多接入边缘计算(MEC)、专用用户面功能(UPF)及 5G 基站的部署,相
当于组建一个基于 5G 基站覆盖的无线局域网,以保证数据的安全性、传输的高
可靠性。

针对港珠澳大桥这一大型跨海集群工程,创新性地采用"龙门架拉远 + 特殊抱
杆加固 + 宏站设备"的 5G 基站建设方式,可实现网络在大跨度桥面的连续覆盖并可
应对海面特殊气候环境;海底隧道创新性地采用"基带单元(BBU) + 远程射频单元
(RRU) + 泄漏电缆"的 5G 基站建设方式,实现隧道高质量 5G 信号连片覆盖。通过
以上方式,实现了全国首个桥、岛、隧复杂结构的大型跨海集群工程 5G 网络综合
覆盖。

3.4.3　5G边缘节点部署

将专用MEC下沉建设到港珠澳大桥管理局机房,缩短数据传输的路由路径,满足部署低时延的5G终端应用需求,包括对大桥基础设施监测、检测,以及高精度定位,将从大桥采集的各类传感器信息上传至MEC服务器,实现边缘计算和数据安全,确保端到端时延小于50ms,并在MEC部署网络及应用层防火墙,确保网络信息安全。

MEC由显示核心(GPU)服务器、存储型服务器、计算型服务器三类服务器组成,MEC计划部署在港珠澳大桥口岸机房内。部署MEC缓存业务后,预计用户下载时延缩短30%~50%,下载速率提升35%以上。服务器能力配置可参考表3.4-1。

服务器能力配置参考　　　　　　　　　　　　表3.4-1

CPU服务器	存储型服务器	计算型服务器
CPU:数量2,品牌Intel,型号Gold 6240(2×18核); 内存:768GB; GPU卡:数量8,品牌NVIDIA,型号T4; 25GE/端口数2,10GE/端口数2; 白金级220V AC电源满配,个数4; 系统盘:2块480GB 6G SATA SSD通用硬盘模块	CPU:数量2,品牌Intel,型号5218,2×16核; 内存:384GB; 系统盘:2块480GB 6G SATA SSD通用硬盘模块; 数据盘:24/8TB/SATA HDD+12/960GB/SATA SSD; 业务网卡:4/2/SFP+10GE	支持App功能X86服务器,提供服务器主体机箱,2×20核CPU,1×10GE双端口+2×25GE/10GE双端口网卡,2×10GE+1×GE板载网口; 内存:12×32G; 系统盘:2块960GB SATA SSD; 数据盘:8块3.2T硬盘

3.4.4　5G应用区域无线信号覆盖

港珠澳大桥5G覆盖方案考虑珠海境内的22.9km桥梁段、6.7km海底隧道及3个人工岛,其中港珠澳大桥桥上24个站点,人工岛8个站点,共需建设32个室外5G站点。根据移动无线网络的发展情况,港珠澳大桥着眼未来,在部署2G/4G网络的前提下,叠加5G网络,实现2G/4G/5G网络全面覆盖。

经项目组实地勘察,确定了如下建设方案:

桥面部分5G网络建设:24个抱杆采用背靠背的方案安装5G天线,分别打向两个方向,同时利用原有 12 个有空抱杆龙门架背靠背的方案新增 5G 天线(站点编码 1、4、5、8、10、13、16、20、21、23、24、25),其余 12 个无空抱杆的站点将 1m抱杆更换成 3m 抱杆后新增 5G 天线。桥面部分龙门架 5G 天线安装示意如图 3.4-2 所示,龙门架 5G 天线安装实景图如图 3.4-3 所示。

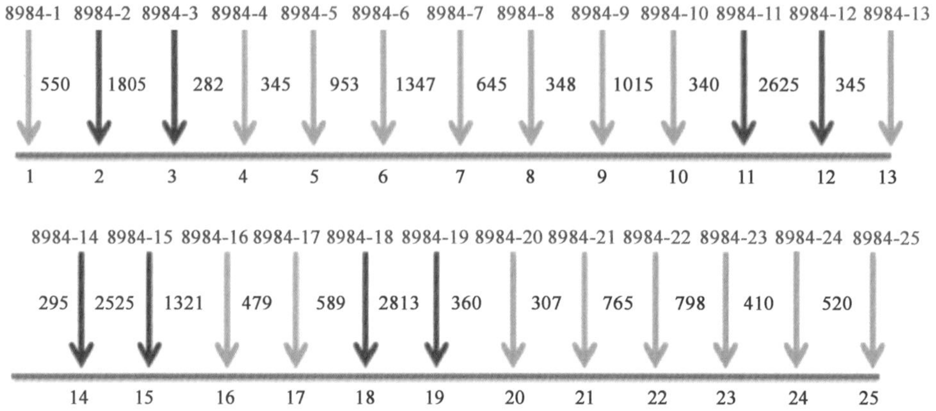

8984-1	8984-2	8984-3	8984-4	8984-5	8984-6	8984-7	8984-8	8984-9	8984-10	8984-11	8984-12	8984-13
550	1805	282	345	953	1347	645	348	1015	340	2625	345	
1	2	3	4	5	6	7	8	9	10	11	12	13

8984-14	8984-15	8984-16	8984-17	8984-18	8984-19	8984-20	8984-21	8984-22	8984-23	8984-24	8984-25
295	2525	1321	479	589	2813	360	307	765	798	410	520
14	15	16	17	18	19	20	21	22	23	24	25

图 3.4-2　桥面部分龙门架 5G 天线安装示意图

图 3.4-3　龙门架 5G 天线
安装实景图

海底沉管隧道 5G 网络建设:采用"BBU + RRU + 泄漏电缆"的架构方式,提供海底隧道双向车道内 5G无线网络覆盖。依托海底隧道内 12 个安全通道走廊,在隧道内安装 12 个室内基站,5G 无线网络信号通过泄漏同轴电缆方式延长信号。海底隧道上下行均采用泄漏电缆进行覆盖,安全管廊内每 500m 设置公网设备间,用于放置 RRU、合路器、配电箱、分纤箱等设备,行车隧道内泄漏电缆挂设高度为 4m,对数周期天线挂设高度为 4.2m。两侧隧道口减光段长度共500m,采用对数周期天线进行延伸覆盖。

青州桥桥底 5G 网络建设:采用桥墩附墙建设方式,依附桥面龙门架外电及传输配套,实现桥底海域网络覆盖。在人工岛机房建设 3 个站点所需的 BBU,每个站点拉远部署 2 台有源天线单元(AAU)。

3.4.5　5G + 北斗融合特点及优势

在跨海通道等复杂环境中,实现通信网络的全覆盖及高精度监测,对于确保

通道的安全、高效运行至关重要。选择5G与北斗的搭配方案,主要是基于以下原因:

1)互补性

5G网络以其高速度、低时延、广连接的特性,为地面通信提供了强有力的支持。而北斗卫星导航系统则以其全球覆盖、高精度定位、短报文通信等功能,满足了地面通信无法覆盖或信号不佳的区域的通信需求。两者的结合,可以实现全天候、全方位的通信与监测。

2)提升监测精度

北斗卫星导航系统能提供厘米级甚至毫米级的定位精度,这对于跨海通道等关键基础设施的监测至关重要。而5G网络的高速度和低时延特性,可以确保监测数据的实时传输和处理,从而实现对基础设施状态的实时监控和预警。

3)增强可靠性

5G与北斗的结合可以在地面通信出现故障或中断时,通过卫星通信进行备份和恢复,确保通信网络的可靠性和稳定性。这对于跨海通道等需要持续、稳定通信支持的应用场景具有重要意义。

3.5 本章小结

本章介绍跨海通道监测中所涉及的关键技术,包括北斗多基站长基线高精度监测技术、北斗与InSAR融合监测技术、北斗与惯导融合监测技术和跨海通道5G网络全覆盖技术。分别对各项技术的原理、方法和应用进行了详细阐述,重点探讨了其在跨海通道监测中的优势和挑战。

港珠澳大桥5G+北斗监测应用案例

4.1　港珠澳大桥工程背景介绍

港珠澳大桥地处珠江口伶仃洋海域,是在南海海洋环境下建造和运营的跨海集群工程,是连接香港特别行政区、广东省珠海市、澳门特别行政区的大型跨海通道,是列入《国家高速公路网规划》的重要交通建设项目。大桥全长约55km,覆盖整个珠江口,属于大型跨界交通基础设施项目,是解决香港、澳门与内地(特别是珠江西岸地区)陆路客货运输要求,连接珠江东西两岸的陆路运输新通道。大桥的建成从根本上改变了珠江西岸地区与香港之间的客货运输以水运为主和陆路绕行的状况,改善了广东省珠江三角洲西部地区的投资环境,并为香港持续繁荣和稳定发展创造了条件。

港珠澳大桥是国家工程,国之重器,代表了中国跨江越海桥梁和隧道建设的最高水平,是中国由交通大国向交通强国迈进的重要标志,举世瞩目,意义重大。港珠澳大桥集桥、岛、隧于一体,桥隧主体工程长约29.6km,穿越伶仃航道和铜鼓西航道段的隧道约6.7km,东、西两端各设置一个海中人工岛(蓝海豚岛和白海豚岛),犹如"伶仃双贝",熠熠生辉;桥梁约22.9km,分别设有寓意三地同心的"中国结"青州桥、人与自然和谐相处的"海豚塔"江海桥,以及扬帆起航的"风帆塔"九洲桥三座通航斜拉桥。海中主体桥梁结构涵盖钢箱梁斜拉桥、组合梁斜拉桥、大跨钢箱梁连续梁桥和组合钢箱梁连续梁桥等多种典型结构。沉管隧道为我国第一条在外海环境条件下施工的沉管隧道,是目前世界上唯一的深埋大回淤节段式沉管工程和世界上最长的公路沉管隧道工程,与国内外同类型工程相比,具有超长、深水、深埋等鲜明特点。东、西人工岛各长625m,是港珠澳大桥的桥梁与隧道衔接的关键部分,两个离岸人工岛面积各约10万m²,水深约10m,软土层厚20~30m,采用直径22m钢圆筒插入不透水黏土层形成止水型岛壁结构。因此,在工程建设规模、建设复杂程度、工程元素多样性等方面,港珠澳大桥作为跨海集群工程的典型代表,为交通运输新型基础设施工程的建设奠定了坚实基础。

4.2 九洲桥结构体监测

4.2.1 九洲桥桥面监测

1）点位布设

九洲桥的桥面北斗监测点位布置如图 4.2-1 所示,在主跨跨中左右两侧设置 2 个监测点,在香港侧边墩和珠海侧边跨跨中各设置 1 个监测点,共计 4 个监测点,详见表 4.2-1。

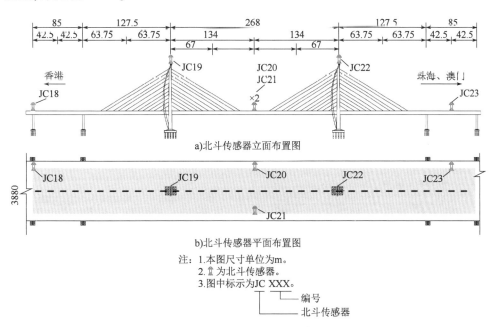

图 4.2-1　九洲桥监测点位图

九洲桥桥面监测点汇总表　　　　表 4.2-1

序号	监测类型	布设位置	传感器类型	备注
JC18	主桥变形监测	香港侧边墩	北斗监测站	桥梁本体
JC20	主桥变形监测	主跨跨中左侧	北斗监测站	桥梁本体
JC21	主桥变形监测	主跨跨中右侧	北斗监测站	桥梁本体
JC23	主桥变形监测	珠海侧边跨跨中	北斗监测站	桥梁本体

2）评价方法

本书除了高精度北斗设备之外,还包含高精度位移计(DPM)、压力传感器

（HPT）。其中，位移计数据主要反映桥梁顺桥方向的变形量，压力传感器数据主要反映垂桥方向的局部挠度变形量。以上数据可以与北斗三维监测数据进行相互检校。为了与多源传感器进行比较，首先需要进行传感器之间的时间和坐标系的统一。具体步骤是：

（1）北斗与多源传感器时间基准统一

北斗输出的时间戳为北斗时间，而位移计和压力变送器数据均以北京时间（地方UTC）为准，需要将北斗的时间系统做如下转换，从而得到北京时间：

北京时为 $UTC+8$，即比 UTC 快 8 个小时，而北斗时比 UTC 快 $(n-33)\,s$，由于 2017 年 1 月 1 日实施了一个正闰秒，经过本次闰秒调整后北斗时比 UTC 快 4s，即 n 的值为 37。因此，将北斗时增加 7 小时 59 分 56 秒，即可转换为北京时。

（2）北斗与多源传感器坐标基准统一

北斗三维空间坐标指向与传感器的指向是不一样的，根据九洲桥的实际情况。假设桥梁整体结构沿顺桥方向呈直线状，则本书设计桥梁本体坐标系为：顺桥方向为 X 轴，横桥方向为 Y 轴，垂桥方向为 Z 轴。具体而言，以香港侧 JC18 为坐标原点，以该点指向天顶为 Z 轴正向，指向 JC23 为 X 轴正向，Y 轴由右手准则确定，如图 4.2-2 所示。

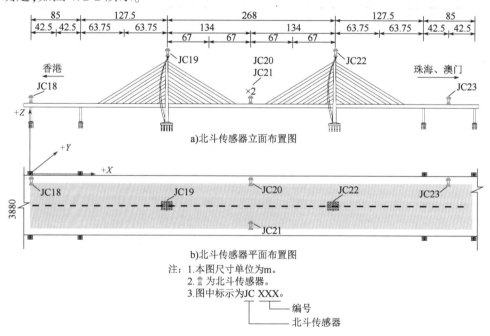

图 4.2-2　九洲桥北斗监测坐标系

（3）评价指标

本书采用标准差 STD 或均方根 RMS 为评价指标。注意,本书中,北斗的坐标基准与其他传感器的基准不同,存在一个常偏量,因此,本书先对北斗坐标经转换得到桥梁本体坐标系,然后跟其他传感器求差后扣除均值,再统计 RMS 值,此时求得的 RMS 值与 STD 一致。

3）基于传感器数据的变形监测规律分析

为了掌握桥梁整体变形的基本规律,由于九洲桥未布设位移计,本节基于九洲桥的压力变送器数据对桥梁各监测点位上的变形情况进行比较和分析。

九洲桥跨中附近压力变送器变化数值较大,如图 4.2-3 所示,左右两侧压力变送器变化一致。

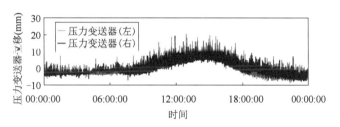

图 4.2-3　JC20 附近压力变送器数据时间序列

4）基于北斗技术的变形监测规律分析

本节将分析九洲桥的桥面各个监测点在桥体顺桥方向、横桥方向及垂桥方向的时间变化规律,然后根据各个监测点的监测结果与桥上已有位移计和压力变送器数据进行比较,分析桥梁整体在平面和高程（垂桥）方向的空间变化规律。

九洲桥参考站位于澳门口岸附近,与九洲桥监测点相距 2km 左右。位于澳门口岸基准站的地基比较密实,在本次数据分析期间认为该点的绝对坐标的变化忽略不计。故以此为基础,所计算得到的监测点位在平面和垂向上的位移变化是"独立"的、"绝对"的。以 2023 年 11 月 30 日至 2023 年 12 月 6 日数据段为例,进行详细分析。

（1）桥面边跨变形分析

JC18 和 JC23 分别位于香港侧边墩和珠海侧边跨跨中,两个监测站三个方向位移均在 – 20 ~ 20mm 之间,其在顺桥、横桥和垂桥方向变形没有显著规律

（图 4.2-4、图 4.2-5）。

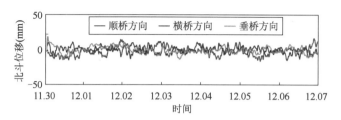

图 4.2-4　JC18 三维变形监测北斗解算结果

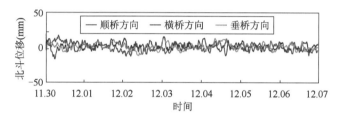

图 4.2-5　JC23 三维变形监测北斗解算结果

（2）桥面主跨变形分析

JC20 和 JC21 分别位于九洲桥主跨跨中的左右幅。如图 4.2-6、图 4.2-7 所示，两个监测站结果在顺桥和垂桥方向具有一致性，但在横桥方向两者没有一致性。总体而言，顺桥和横桥方向的位移变形量均较小，变化范围在 ± 10mm 以内。

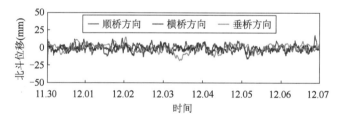

图 4.2-6　JC20 三维变形监测北斗解算结果

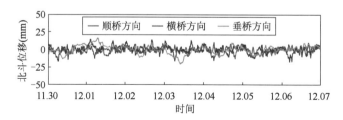

图 4.2-7　JC21 三维变形监测北斗解算结果

　　JC20和JC21分别在跨中的左幅和右幅,其垂向位移相对来说较大。如图4.2-8、图4.2-9所示,北斗监测结果垂直方向与压力计一致性较好,精度可达4mm。

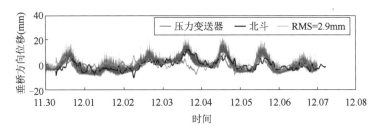

图4.2-8　JC20变形监测北斗解算结果与压力变送器数据对比时间序列

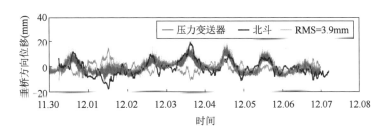

图4.2-9　JC21变形监测北斗解算结果与压力变送器数据对比时间序列

4.2.2　九洲桥桥塔监测

1)点位布设

　　九洲桥的桥塔北斗监测点位布置如图4.2-1所示,在香港侧和珠海侧塔顶各设置1个监测点,共计2个监测点,详见表4.2-2。

九洲桥桥塔监测点汇总　　　　　　表4.2-2

序号	监测类型	布设位置	传感器类型	备注
JC19	主桥变形监测	香港侧塔顶	北斗监测站	桥梁本体
JC22	主桥变形监测	珠海侧塔顶	北斗监测站	桥梁本体

2)基于北斗技术的变形监测规律分析

　　本节将分析九洲桥各个监测点在桥体顺桥方向、横桥方向及垂桥方向的时间变化规律,分析桥梁整体在平面和高程(垂桥)方向的空间变化规律。

　　JC19和JC22分别位于九洲桥香港侧边塔塔顶和珠海侧边塔塔顶。如图4.2-10、图4.2-11所示,两个主塔在顺桥、横桥和垂桥三个方向上都具有显著的一致性。横桥方向左右摆动较大,最大幅度达到100mm,顺桥方向前后伸缩变形最大达到50mm,而两座塔在垂桥方向变化很小。

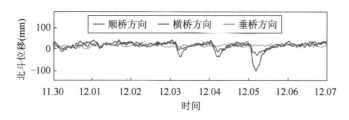

图4.2-10　JC19 三维变形监测北斗解算结果

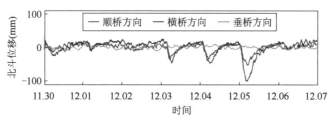

图4.2-11　JC22 三维变形监测北斗解算结果

4.2.3　北斗与惯导融合监测

1）点位布设

惯导设备与北斗设备相结合主要用来监测桥梁在海风、载荷作用下产生的短周期变形。九洲桥的惯导+北斗并置点共 1 个,位于 JC20,如图 4.2-1 所示,惯导+北斗并置点位于桥体主跨的跨中位置,点位附近还有压力变送器等传感器,压力变送器数据主要反映垂桥方向的局部挠度变形量,可用于点位位移监测成果的相互检核。

惯导设备与北斗设备应尽量安装在同一位置。当采用惯导设备和北斗设备分体式安装时,惯导设备应尽量安装在立杆的底部,如图 4.2-12 所示。惯导设备和北斗设备都应尽量保持水平,必要时可借助水平基座。

2）监测结果分析

为对比单个系统与融合定位结果的细节部分,这里截取几分钟观测数据对北斗 RTK、惯导积分、北斗与惯导松组合卡尔曼滤波+平滑处理的结果进行展示。

a)惯导设备与北斗设备分体式安装　　　　　　b)安装细节

图4.2-12　惯导设备和北斗设备安装

图4.2-13展示了九洲桥JC20监测点2024年5月20日11时30分前后的部分监测结果。从北斗监测数据来看,九洲桥的垂向位移变化幅度较小,大部分在±5mm以内。

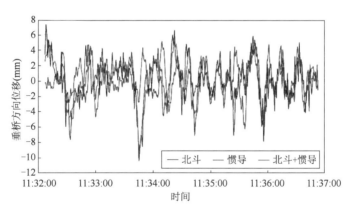

图4.2-13　九洲桥JC20监测点垂向变形时间序列

九洲桥采用的是单索面结构,其最大挠度出现在11时34分左右,约为10mm。其独特的设计使九洲桥的垂向变形较小且周期较短,说明其结构设计有效地减少了垂向挠度变化的影响。

4.2.4　结果分析

根据北斗观测数据和其他多源观测数据,在2023年11月至2023年12月,以及2024年5月期间,对九洲桥进行了详细监测。结果分析如下:

（1）压力变送器数据验证：北斗监测结果在垂桥方向的精度优于5mm，证实了监测数据的可靠性。

（2）桥面变形情况：在顺桥方向，九洲桥主跨显示出明显的周期性伸缩现象，变形范围为±10mm；而在横桥方向，变形较小。

（3）桥塔变形情况：总体上，九洲桥的桥塔在横桥方向变形最大，垂桥方向变形最小。在横桥方向，北斗监测到桥塔存在显著的横向同步摆动，摆动幅度最大可达100mm。在顺桥方向，各个桥塔也有显著的变形，呈现周期性波动，幅度在10～20mm。

（4）结构稳定性：综合各项监测数据，九洲桥结构整体稳定，变形情况在合理范围内，未发现异常情况。

（5）北斗和惯导融合挠度分析：北斗+惯导融合结果的误差STD显著小于北斗或惯导积分单独计算结果。压力变送器监测结果显示九洲桥的最大垂向位移在监测期间约为10mm。

4.3 江海桥结构体监测

4.3.1 江海桥桥面监测

1）点位布设

江海桥的桥面北斗监测点位布置如图4.3-1所示，在江海桥的珠海侧和香港侧主跨跨中左右两侧各设置2个监测点，可以平衡捕捉到桥梁在主跨区域的挠度变化；在香港侧边墩、珠海侧边跨跨中各设置一个监测点，用来监测桥梁整体的变形规律，共计6个监测点，详见表4.3-1。

江海桥监测点汇总 　　　　　　　　　　　　　　　表4.3-1

序号	监测类型	布设位置	传感器类型	备注
JC09	主桥变形监测	香港侧边墩	北斗监测站	桥梁本体
JC11	主桥变形监测	香港侧主跨跨中左侧	北斗监测站	桥梁本体
JC12	主桥变形监测	香港侧主跨跨中右侧	北斗监测站	桥梁本体

序号	监测类型	布设位置	传感器类型	备注
JC14	主桥变形监测	珠海侧主跨跨中左侧	北斗监测站	桥梁本体
JC15	主桥变形监测	珠海侧主跨跨中右侧	北斗监测站	桥梁本体
JC17	主桥变形监测	珠海侧边跨跨中	北斗监测站	桥梁本体

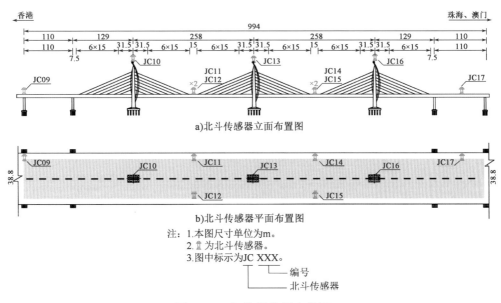

图 4.3-1　江海桥监测点位图

2)评价方法

(1)北斗与多源传感器时间基准统一

北斗输出的时间戳为北斗时间,而位移计和压力变送器数据均以北京时间为准,需要将北斗的时间系统进行转换,从而得到北京时。

(2)北斗与多源传感器坐标基准统一

根据江海桥的实际情况,假设桥梁整体结构沿顺桥方向呈直线状,则设计桥梁北斗监测坐标系为:顺桥方向为 X 轴,横桥方向为 Y 轴,垂桥方向为 Z 轴。

以香港侧 JC09 为坐标原点,以该点指向天顶为 Z 轴正向,指向 JC17 为 X 轴正向,Y 轴由右手准则确定,如图 4.3-2 所示。

3)基于传感器数据的变形监测规律分析

为了掌握桥梁整体变形的基本规律,本节基于江海桥的位移计和压力变送器数据,对桥梁各监测点位上的变形情况进行比较和分析。

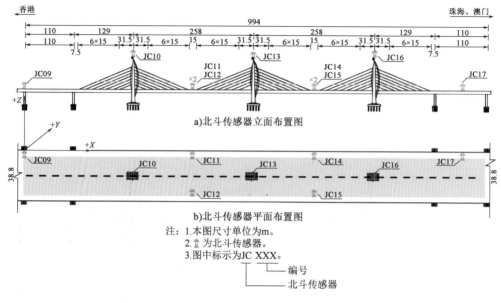

图 4.3-2　江海桥北斗监测坐标系

（1）位移计监测分析

位移计只安装在桥梁两端的边墩上，左右侧各一个。位移传感器共计 4 个，点位分布如图 4.3-3 所示。

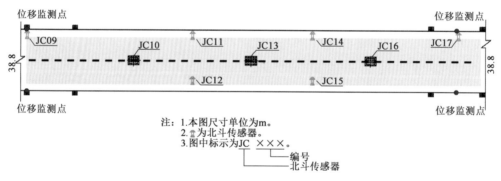

图 4.3-3　江海桥位移计点位分布

以 2023 年 12 月 2 日位移计数据为例，其香港侧和珠海侧的位移数据时间序列分别如图 4.3-4、图 4.3-5 所示。香港侧边墩数据比较来看，左右两个独立监测的位移计数据有一定差异，但不显著，最大差异不超过 2mm，说明同一侧边墩左右侧的位移计变化值高度一致。该时段珠海侧边墩位移右侧位移计出现故障，只能接收左侧数据。虽然香港侧位移计结果与珠海侧左侧位移结果在变化趋势上基本同步，但是其绝对值相差较大，珠海侧位移明显小于香港侧位移，在边墩本身发生位移较小的情况下，香港侧桥体和珠海侧桥体同时出现了相对于主塔的缩放现象。同时也表明,桥体不同位置上的水平位移变形量并不一样,香港侧大于珠海侧。

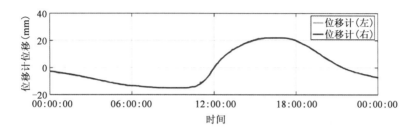

图 4.3-4　江海桥香港侧过渡墩位移计数据时间序列

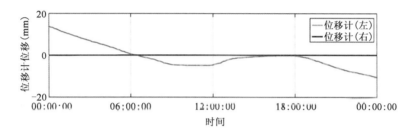

图 4.3-5　江海桥珠海侧过渡墩位移计数据时间序列

（2）压力变送器监测分析

压力变送器位移如图 4.3-6、图 4.3-7 所示。珠海侧与香港侧的主跨跨中压力变送器变化的数值较小,两侧跨中的左右侧位移变化一致性比较高。

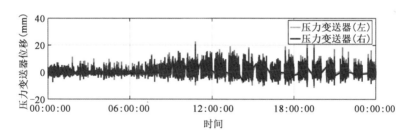

图 4.3-6　JC12 附近压力变送器数据时间序列

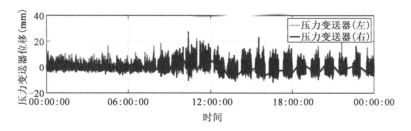

图 4.3-7　JC15 附近压力变送器数据时间序列

4)基于北斗技术的变形监测规律分析

本节将分析江海桥的桥面各个监测点在桥体顺桥方向、横桥方向以及垂桥方向的时间变化规律,然后根据各个监测点的监测结果与桥上已有位移计和压力变送器数据进行比较,分析桥梁整体在平面和高程(垂桥)方向的空间变化规律。

江海桥基准站位于九洲岛,与江海桥监测点相距最远5km左右,最近4km左右。九洲岛基准站的地基比较密实,在本次数据分析期间,认为该点的绝对坐标的变化可以忽略不计。以此为基础,计算得到的监测点位在平面和垂向上的位移变化是"独立"的、"绝对"的。以2023年11月30日至2023年12月6日数据段为例,进行详细分析。

(1)桥面边跨变形分析

JC09和JC17两个监测站分别位于江海桥的香港侧和珠海侧边跨桥面上。如图4.3-8和图4.3-9所示,在顺桥方向上,两个监测站记录的位移方向相反,这主要是由于温度变化引起的桥梁热胀冷缩效应引起的。这种位移现象在视觉上可能类似于以桥塔为中心的压缩或拉伸变形,但实际上,这种位移主要是由于温度梯度对桥梁不同部分产生的不同影响所致,而非桥塔本身的变形。在横桥方向和垂桥方向上,桥梁的变形相对较小,这表明桥体并未出现明显的整体扭转变形现象。

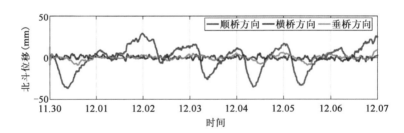

图4.3-8　JC09三维变形监测北斗解算结果

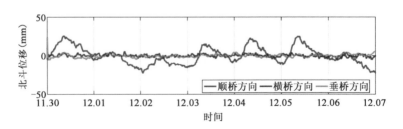

图4.3-9　JC17三维变形监测北斗解算结果

JC09 是离香港侧边墩位移计最近的北斗监测点,该点设有位移计,其顺桥方向北斗监测到的 7d 几何变化与位移计一致性 RMS 精度为 2.6mm,如图 4.3-10所示。JC17 位于珠海侧边跨跨中,与北斗解算结果一致性最好,RMS精度优于 1.9mm(图 4.3-11),由于珠海侧位移变化量较小,较小范围内的位移变化一致性也较好。从北斗解算结果来看,其时间序列趋势性与位移计一致,体现出北斗较高的监测精度。

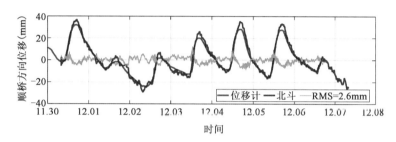

图 4.3-10　JC09 变形监测北斗解算结果与位移计数据对比时间序列

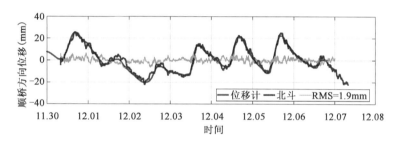

图 4.3-11　JC17 变形监测北斗解算结果与位移计数据对比时间序列

北斗监测结果与位移计监测结果的趋势性高度吻合,一致性精度优于4mm,这表明北斗作为一种独立的几何位变监测技术,不但其动态监测精度与位移计(1 维)相当,而且还能实时监测桥梁横桥方向和垂桥方向位移,这是位移计做不到的。

(2)桥面主跨变形分析

JC11 和 JC12 分别位于香港侧主跨跨中的左右幅,JC14 和 JC15 分别位于珠海侧主跨跨中的左右幅。JC11 和 JC12 两个监测站的顺桥和垂桥方向具有一致性,但在横桥方向不具有一致性。具体为,香港侧左右幅监测点附近其顺桥方向有 ±10 mm 的一致性伸缩变形,垂桥方向有 ±10mm 的一致性升降变形(图 4.3-12、图 4.3-13)。珠海侧左右幅监测点 JC14 和 JC15 与香港侧左右幅监测点具有相似的变形规律,但变形量比香港侧略小(图 4.3-14、图 4.3-15)。整体而言,主梁右幅变形量比左幅要大。

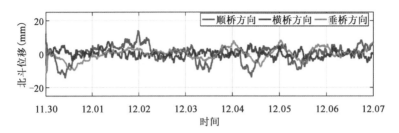

图 4.3-12　JC11 三维变形监测北斗解算结果

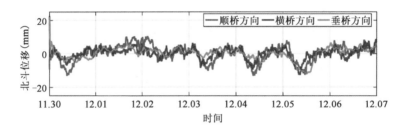

图 4.3-13　JC12 三维变形监测北斗解算结果

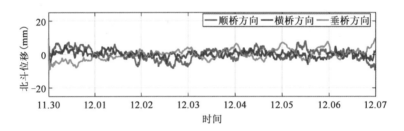

图 4.3-14　JC14 三维变形监测北斗解算结果

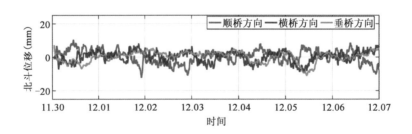

图 4.3-15　JC15 三维变形监测北斗解算结果

　　桥面主跨监测点均设有压力变送器,如图 4.3-16 ~ 图 4.3-19 所示,各监测点的北斗监测结果与压力变送器的一致性精度在 3.5mm 以内。其中 JC14 和 JC15 位于珠海侧主跨跨中,其北斗监测结果与压力变送器的一致性最好,都可以达到 2.9mm。同时可以看出,JC11 与 JC12 之间、JC14 与 JC15 之间的北斗解算结果具有更好的一致性。

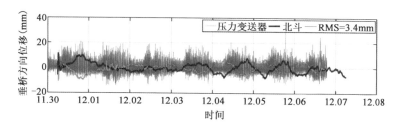

图 4.3-16　JC11 变形监测北斗解算结果与压力变送器数据对比时间序列

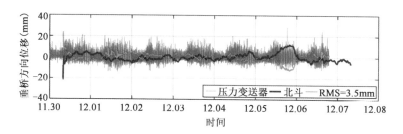

图 4.3-17　JC12 变形监测北斗解算结果与压力变送器数据对比时间序列

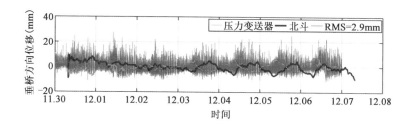

图 4.3-18　JC14 变形监测北斗解算结果与压力变送器数据对比时间序列

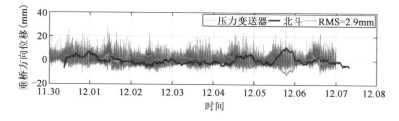

图 4.3-19　JC15 变形监测北斗解算结果与压力变送器数据对比时间序列

4.3.2　江海桥桥塔监测

1）点位布设

江海桥的桥塔北斗监测点位布置如图 4.3-1 所示,在香港侧和珠海侧边塔、大桥中塔上各设置 1 个监测点,有助于观察结构的垂直和水平位移,从而确保塔架结构的稳定性和安全,共计 3 个监测点,详见表 4.3-2。

江海直达船航道桥监测点汇总表　　　　　表 4.3-2

序号	监测类型	布设位置	传感器类型	备注
JC10	主桥变形监测	香港侧主塔塔顶	北斗监测站	桥梁本体
JC13	主桥变形监测	大桥中塔塔顶	北斗监测站	桥梁本体
JC16	主桥变形监测	珠海侧主跨跨中	北斗监测站	桥梁本体

2)基于北斗技术的变形监测规律分析

本节将分析江海桥桥塔各个监测点在桥体顺桥方向、横桥方向以及垂桥方向的时间变化规律,分析桥梁整体在平面和高程(垂桥)方向的空间变化规律。

JC10、JC13 和 JC16 分别是位于江海桥香港侧主塔塔顶、中塔塔顶、珠海侧主塔塔顶。以总体变化相比,横桥方向变形最大,垂桥方向变形最小。在横桥方向,北斗监测到 3 个主塔存在显著的左右同步摆动。其中,香港侧主塔、中塔主塔摆幅最大约 100mm,珠海侧主塔约 50mm。在顺桥方向,香港侧主塔、珠海侧主塔的摆幅相对较大,而中塔略小,如图 4.3-20 ~ 图 4.3-22 所示。

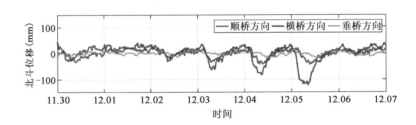

图 4.3-20　JC10 三维变形监测北斗解算结果

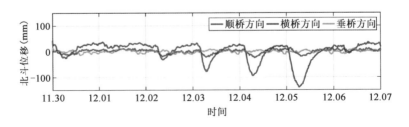

图 4.3-21　JC13 三维变形监测北斗解算结果

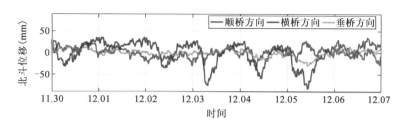

图 4.3-22　JC16 三维变形监测北斗解算结果

4.3.3　北斗与惯导融合监测

1）点位布设

江海桥惯导＋北斗并置点共两个,分别位于 JC11 和 JC14,两个点均位于桥体主跨的跨中位置,如图 4.3-1 所示,点位附近还有压力变送器等传感器,压力变送器数据主要反映垂桥方向的局部挠度变形量,可用于点位位移监测成果的相互检核。

2）监测结果分析

（1）北斗＋惯导融合监测结果

为详细对比单个系统与融合定位的结果,这里截取多个时段中约几分钟观测数据,对北斗 RTK、惯导积分、北斗与惯导松组合卡尔曼滤波＋平滑处理的结果进行展示。

图 4.3-23 是江海桥 JC11 监测点 2024 年 5 月 15 日的部分监测结果。从图中可以看出,北斗、惯导和北斗＋惯导融合的结果整体上基本一致,均能反映出桥体在垂直方向上的变形规律。变形幅度较大的部分出现在北京时 2024 年 5 月 15 日 8 点 34 分至 36 分,共有 3 个接近或超过 10mm 的垂向变形量。惯导积分的结果显得更为平滑,而北斗＋惯导融合的结果与北斗结果一致性较高。图 4.3-24 是JC11 另外一个时段（北京时 2024 年 5 月 20 日 12 点 52 分至 57 分）的监测结果,垂向变形规律相似。多期监测结果显示,江海桥的实时垂向位移（挠度）变化范围可达 ±20mm。

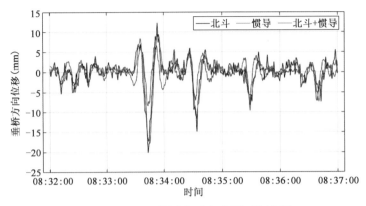

图 4.3-23 JC11 监测点垂向变形时间序列 1

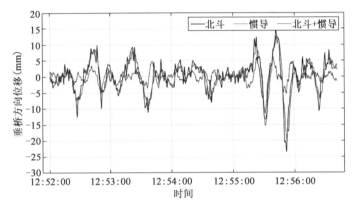

图 4.3-24 JC11 监测点垂向变形时间序列 2

（2）同桥不同点位监测结果关联性分析

JC11 和 JC14 位于江海桥同一侧的两个跨中位置,相距约 258m。由于位于同一座桥的相似结构上,桥梁振动特性相似,因此,选取 JC11 和 JC14 进行一致性分析。如图 4.3-25 所示,该时段为北京时间凌晨 6~7 点,整座桥较为平静,JC11 加速度计与 JC14 加速度计均记录到两次较为明显的振动现象。从图中可以观测到,JC11 和 JC14 惯导所记录的加速度峰值并不同步。前两组峰值之间相差均约为 11.9s,第三组峰值之间相差约 8.4s,表明监测到的桥梁垂向变形跟桥梁荷载显著相关。

北斗解算得到的垂向位移最大变化量(约 10mm)与同一位置上的北斗 + 惯导融合得到的位移量吻合得较好,如图 4.3-25 所示。北斗监测结果受到测量噪声的影响,存在毫米级误差,在桥梁较为静止时表现尤为明显,但是对于挠度曲线还原得较好;惯导积分结果频率高,较为连贯,对于静止及小振幅振动还原效果较好,但是由于惯导受到低频噪声和零漂等影响,对于大振幅大周期(20s以上)振动无法准确还原。北斗与惯导融合结果兼顾二者的优点,能显著弥补二者的缺点,对于小振幅和大振幅振动融合结果都能准确还原。

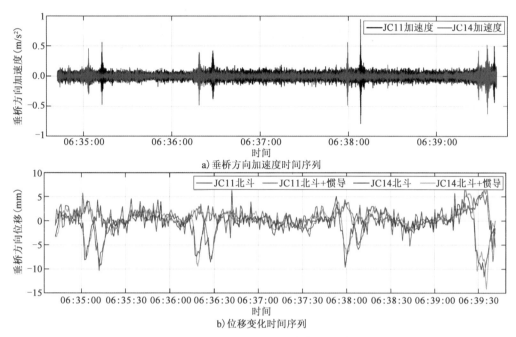

图4.3-25　JC11和JC14垂桥方向加速度及位移变化时间序列

(3)北斗与惯导融合监测精度评估

北斗设备与惯导设备附近安装有高精度的压力变送器传感器,该设备常用来检测桥梁的挠度。经分析压力变送器的测量误差约为0.8mm,可用于检验北斗和北斗+惯导融合的垂向位移监测精度。

将惯导积分结果、单北斗计算结果以及北斗+惯导融合结果与高精度压力变送器进行比较,如图4.3-26所示。惯导直接积分的结果在高频部分对位移变化的还原比较准确,但是对低频($<0.1Hz$)部分变形信号失真比较严重。单北斗计算结果能够整体上恢复部分低频部分($0.01 \sim 0.1Hz$),但受到观测噪声和多路径影响,计算出来的位移存在较为明显的波动。就实测数据统计精度来看,北斗+惯导融合结果在$\geq 0.1Hz$高频部分的精度为1.3mm(优于6mm的精度指标),优于单北斗或惯导积分单独计算结果。因此,北斗+惯导融合的桥体挠度监测结果精度较高,结合了北斗RTK和惯导积分二者的优点,较好地还原了桥

体振动波形。

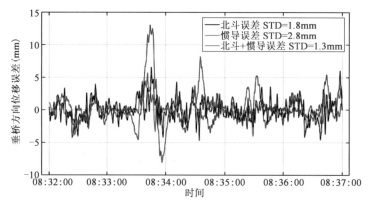

图 4.3-26　JC11 垂桥方向位移误差（与压力变送器数据比较）

4.3.4　结果分析

根据北斗观测数据和其他多源观测数据,在 2023 年 11 月至 2023 年 12 月,以及 2024 年 5 月,对江海桥进行了详细监测。结果分析如下:

(1)位移计和压力变送器数据验证:北斗监测结果在顺桥方向和垂桥方向的精度均优于 5mm,显示了较高的监测准确性。

(2)桥面变形情况:在顺桥方向,江海桥桥面边跨显示出显著的周期性伸缩现象,其变形范围最大约为 20mm。在横桥方向和垂桥方向,变形相对较小,未观察到明显的主梁扭转变形或垂向升降变形现象。

(3)桥塔变形情况:北斗监测结果显示,江海桥塔顶在顺桥方向具有同步的前后摆动规律,摆动范围约为 ±50mm。在垂桥方向,塔顶的同步升降幅度约为 10mm。此外,横向变形最大,其中香港侧主塔和中塔的摆幅最大约为 100mm,珠海侧主塔的变形幅度约为 50mm。

(4)跨中左右幅对称性:对比左右幅的监测结果可知,同一座桥左右两幅具有较高的相关性,表明主跨左右幅的主梁变形在空间上具有高度一致性,即具有垂桥方向同步升降、顺桥方向同步伸缩的规律。

(5)结构稳定性:综合各项监测数据,江海桥结构整体稳定,变形情况在合理范围内,未显示出明显的异常现象。

(6)北斗 + 惯导融合挠度分析:北斗 + 惯导融合结果在大于或等于 0.1Hz 高频部分的精度为 1.3mm(优于 6mm 的精度指标),优于北斗或惯导积分单独计算结果,进一步提高了监测的可靠性和精度;压力变送器监测结果显示江海桥的最大垂向位移在监测期间约为 20mm,周期较小,整体位移变化很稳定,大部分在 10mm 以内。

4.4 青州桥结构体监测

4.4.1 青州桥桥面监测

1)点位布设

青州桥的桥面北斗监测点位布置如图 4.4-1 所示,在青州桥的主跨跨中设置 2 个监测点,用来监测跨中的挠度变形;在青州桥香港侧边墩、珠海侧边跨跨中处各设置 1 个监测点,用来监测桥体长期的整体变形,共计 4 个监测点,详见表 4.4-1。

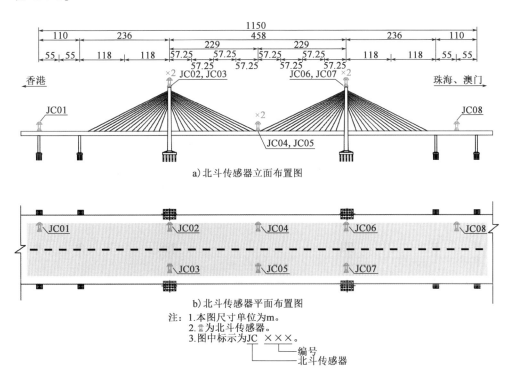

a)北斗传感器立面布置图

b)北斗传感器平面布置图

注:1.本图尺寸单位为m。
2.📶为北斗传感器。
3.图中标示为JC ×××。
      └─ 编号
      └── 北斗传感器

图 4.4-1 青州桥桥面监测点位图

青州桥桥面北斗变形监测系统监测点汇总表　表4.4-1

序号	监测类型	布设位置	传感器类型	合计	备注
JC01	主桥变形监测	香港侧边墩	北斗监测站	1	桥梁本体
JC04	主桥变形监测	主跨跨中左侧	北斗监测站	1	桥梁本体
JC05	主桥变形监测	主跨跨中右侧	北斗监测站	1	桥梁本体
JC08	主桥变形监测	珠海侧边跨跨中	北斗监测站	1	桥梁本体

2）评价方法

（1）北斗与多源传感器时间基准统一

北斗输出的时间戳为北斗时间,而位移计和压力变送器数据均以北京时间为准,需要将北斗的时间系统进行转换,从而得到北京时间。

（2）北斗与多源传感器坐标基准统一

根据青州桥的实际情况。假设桥梁整体结构沿顺桥方向呈直线状,则设计桥梁北斗监测坐标系为:顺桥方向为 X 轴,横桥方向为 Y 轴,垂桥方向为 Z 轴。具体而言,以香港侧 JC01 为坐标原点,以该点指向天顶为 Z 轴正向,指向 JC08 为 X 轴正向,Y 轴由右手准则确定,如图4.4-2 所示。

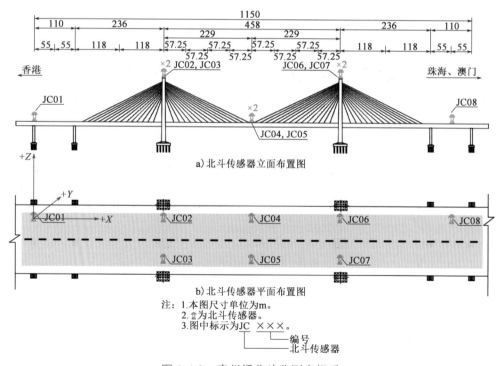

a）北斗传感器立面布置图

b）北斗传感器平面布置图

注：1.本图尺寸单位为m。
　　2.🛐为北斗传感器。
　　3.图中标示为JC ×××。
　　　　　　　　　　　编号
　　　　　　　　　　北斗传感器

图 4.4-2　青州桥北斗监测坐标系

3）基于传感器数据的变形监测规律分析

为了掌握桥梁整体变形的基本规律，本节基于青州桥的位移计和压力变送器数据对桥梁各监测点位上的变形情况进行比较和分析。

（1）位移计监测结果

位移计只安装在桥梁两端的边墩上，左右侧各一个。位移传感器共计4个，点位分布如图4.4-3所示。

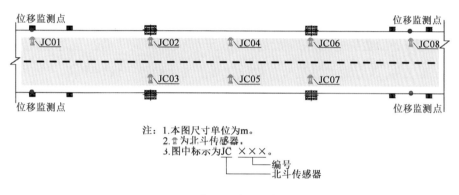

注：1.本图尺寸单位为m。
　　2.⚑为北斗传感器。
　　3.图中标示为JC ×××。
　　　　　　　　　　└─────编号
　　　　　　　　　　└──北斗传感器

图4.4-3　青州桥位移计点位分布

以2023年12月2日位移计数据为例，其香港侧和珠海侧的位移数据时间序列分别如图4.4-4和图4.4-5所示。同一端边墩数据比较来看，两个独立监测的位移计数据有一定差异但不显著，最大差异不超过3mm，说明同一端边墩左右侧的位移计变化值高度一致。虽然香港侧位移结果与珠海侧位移结果在变化趋势上基本同步，但是其绝对值却相差较大，珠海侧位移明显大于香港侧位移，在边墩本身发生位移较小的情况下，香港侧桥体和珠海侧桥体同时出现了相对于中塔的缩放现象。同时也表明，桥体不同位置上的水平位移变形量并不一样。

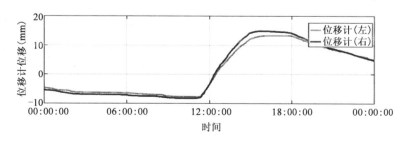

图4.4-4　青州桥香港侧边墩位移计数据时间序列

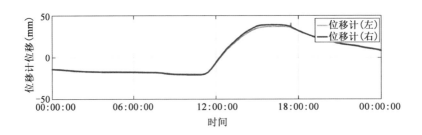

图 4.4-5　青州桥珠海测边墩位移计数据时间序列

（2）压力变送器监测分析

压力变送器数据时间序列如图 4.4-6 所示。JC04 北斗监测点附近的压力变送器数据表明，该监测点左侧与右侧的位移值变化趋势一致性不高。

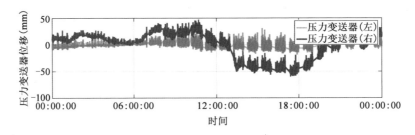

图 4.4-6　JC04 附近压力变送器数据时间序列

4）基于北斗技术的变形监测规律分析

本节将分析青州桥的桥面各个监测点在桥体顺桥方向、横桥方向以及垂桥方向的时间变化规律，然后根据各个监测点的监测结果与桥上已有位移计和压力变送器数据进行比较，分析桥梁整体在平面和高程（垂桥）方向的空间变化规律。

青州桥参考站位于西人工岛附近，与青州桥监测点相距最远 5km 左右，最近 4km 左右。位于西人工岛基准站的地基比较牢实，在本次数据分析期间认为该点的绝对坐标的变化忽略不计。故以此为基础，所计算得到的监测点位在平面和垂向上的位移变化是"独立"的、"绝对"的。以 2023 年 11 月 30 至 2023 年 12 月 6 日数据段为例进行详细分析。

（1）桥面边跨变形分析

JC01 和 JC08 分别是在青州桥两侧的香港侧边墩和珠海侧边跨跨中且靠桥体左幅，可实时监测青州桥边跨位移变形。从北斗监测结果来看（图 4.4-7、

图4.4-8),桥体在横桥方向上变形较小,表明桥梁整体的横向扭转变形较小;顺桥方向上两个点位的位移变化方向相反,由此可见主梁边跨在顺桥方向存在反向变形,即出现以桥塔为中心的压缩或者拉伸变形。JC08 的位移明显大于JC01,JC01 顺桥方向位移在 −20 ~ 20mm 之间,而 JC08 的顺桥方向位移在−60 ~ 60mm 之间。监测结果显示出青州桥在珠海侧的伸缩位移变形会更大一些。

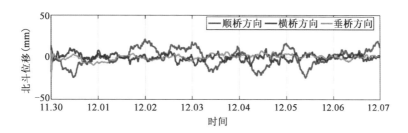

图4.4-7　JC01 三维变形监测北斗解算结果

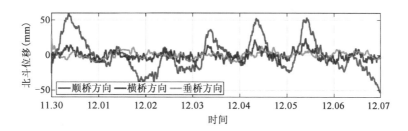

图4.4-8　JC08 三维变形监测北斗解算结果

由于 JC01 和 JC08 附近安装有位移计,将北斗监测结果与位移计数据进行了一致性互校。JC01 位于香港侧边墩附近,其位移计数据反映了其顺桥方向的绝对变形大小,与北斗解算结果一致性最好,RMS 精度优于 3.7mm。JC08 处于珠海侧边跨中间附近,其顺桥方向位移量在 −50 ~ 50mm 之间,北斗监测到的 7d几何变化与位移计一致性 RMS 精度为 3 ~ 6mm,如图 4.4-9、图 4.4-10 所示。

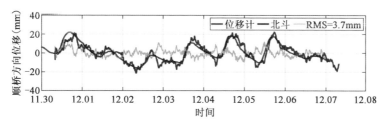

图4.4-9　JC01 变形监测北斗解算结果与位移计数据对比时间序列

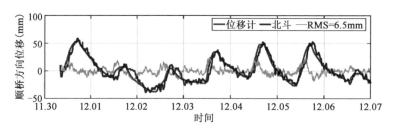

图 4.4-10　JC08 变形监测北斗解算结果与位移计数据对比时间序列

（2）桥面主跨变形分析

JC04 和 JC05 是位于青州桥主跨跨中的左右幅,可实时监测主跨位移变化,JC04 和 JC05 三维变形监测北斗解算结果分别如图 4.4-11、图 4.4-12 所示。就单个监测点来说,横桥方向变形较小,顺桥和垂桥方向变形较大,位移变化范围在 25 ～ −25mm 之间。对比跨中左右对称的北斗监测结果可知,左右两幅两个方向具有较高相关性,表明主跨左右两侧的主梁变形在空间上具有高度一致性,即具有在垂桥方向同步升降、在顺桥方向同步伸缩的规律。

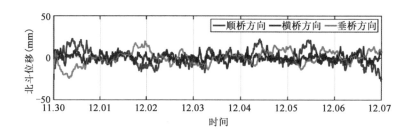

图 4.4-11　JC04 三维变形监测北斗解算结果

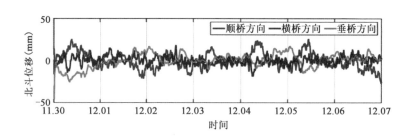

图 4.4-12　JC05 三维变形监测北斗解算结果

JC04 监测点设有压力变送器,其数据反映了其垂桥方向的位移变形大小,与北斗解算结果一致性最好,RMS 精度优于 4.9mm(图 4.4-13)。

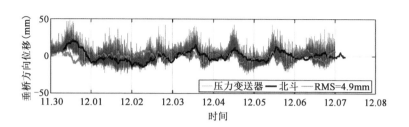

图 4.4-13　JC04 变形监测北斗解算结果与压力变送器数据对比时间序列

4.4.2　青州桥桥塔监测

1）点位布设

青州桥的桥塔北斗监测点位布置如图 4.4-1 所示，在香港侧左右两侧塔顶和珠海侧左右两侧塔顶各设置 2 个监测点，共计 4 个监测点，详见表 4.4-2。

青州桥桥塔北斗变形监测系统监测点汇总表　　　　　表 4.4-2

序号	监测类型	布设位置	传感器类型	合计	备注
JC02	主桥变形监测	香港侧左侧塔顶	北斗监测站	1	桥梁本体
JC03	主桥变形监测	香港侧右侧塔顶	北斗监测站	1	桥梁本体
JC06	主桥变形监测	珠海侧左侧塔顶	北斗监测站	1	桥梁本体
JC07	主桥变形监测	珠海侧右侧塔顶	北斗监测站	1	桥梁本体

2）基于北斗技术的变形监测规律分析

本节将分析青州桥桥塔各个监测点在桥体顺桥方向、横桥方向以及垂桥方向的时间变化规律，分析桥梁整体在平面和高程（垂桥）方向的空间变化规律。

JC02 和 JC03 分别是香港侧主塔左右塔顶的北斗监测站，JC06 和 JC07 分别是珠海侧主塔左右塔顶的北斗监测站。从图 4.4-14 至图 4.4-17 可以看出，香港侧塔顶监测点 JC02 和 JC03 的位移明显小于珠海测，且香港侧左右桥塔之间的规律性较弱。相比之下，珠海侧的位移变化较大，更容易被观测出来，且左右幅可以监测到显著的空间相关性，即左右幅塔顶在顺桥方向具有同步前后摆动的规律，摆动范围在 ±50mm 范围内。这一规律可以被珠海侧边跨监测点监测到，并与其监测结果高度一致。

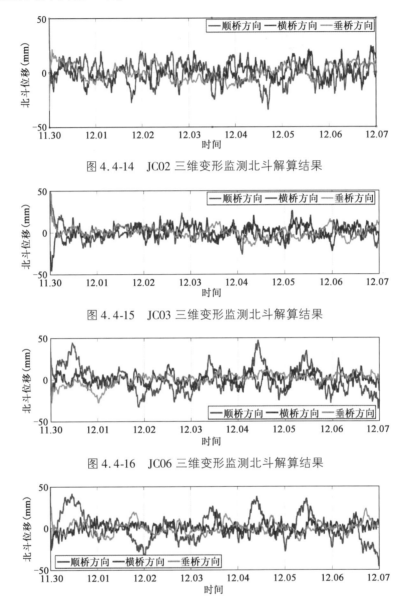

图 4.4-14　JC02 三维变形监测北斗解算结果

图 4.4-15　JC03 三维变形监测北斗解算结果

图 4.4-16　JC06 三维变形监测北斗解算结果

图 4.4-17　JC07 三维变形监测北斗解算结果

4.4.3　北斗与惯导融合监测

1）点位布设

青州桥的惯导+北斗并置点共 1 个,位于 JC04(图 4.4-1),惯导+北斗并置点位于桥体主跨的跨中位置,点位附近还有压力变送器等传感器,压力变送器数据主要反映垂桥方向的局部挠度变形量,可用于点位位移监测成果的相互检核。

2)监测结果分析

为对比单个系统与融合定位结果的细节部分,本节截取约几分钟观测数据对北斗 RTK、惯导积分、北斗与惯导松组合卡尔曼滤波 + 平滑处理的结果进行展示。

图 4.4-18 是青州桥 JC04 监测点 2024 年 5 月 20 日 12 时前后的部分监测结果。与江海桥相比,监测到的青州桥实时挠度周期一般比同时期的江海桥长。同时,由于青州桥的主跨跨径约 458m,江海桥主跨跨径 258m,前者比后者跨径大,其最大挠度峰值比后者大约 10mm。

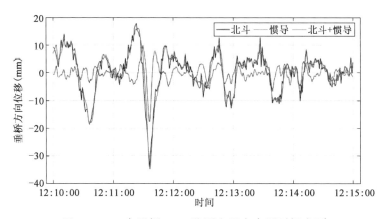

图 4.4-18　青州桥 JC04 监测点垂向变形时间序列

青州桥采用的是双索面斜拉桥,其结构形式与单索面的江海桥存在较大区别。青州桥的跨中最大挠度超过 30mm,且周期偏大,而江海桥的垂向变形周期更短,最大挠度约 20mm。

通过对比可知,九洲桥的最大位移约为 10mm,比江海桥的 20mm 和青州桥的 30mm 小。九洲桥的位移周期是三座桥中最小的,表现出较为稳定的结构特性和较强的抗形变能力。

4.4.4　结果分析

根据北斗观测数据和其他多源观测数据,在 2023 年 11 月至 2023 年 12 月以及 2024 年 5 月期间,对青州桥进行了详细监测。结果分析如下:

（1）位移计和压力变送器数据验证：北斗监测结果在顺桥方向和垂桥方向的精度优于5mm，验证了监测数据的准确性。

（2）桥面变形情况：在顺桥方向，青州桥桥面边跨显示出显著的周期性伸缩现象，最大变形达到50mm。而在横桥方向和垂桥方向，变形较小，未观察到明显的扭转变形或垂向升降变形。

（3）塔桥变形情况：青州桥香港侧塔顶位移明显小于珠海侧，珠海侧塔顶在顺桥方向具有同步的前后摆动规律，摆动范围约为±50mm，垂桥方向的同步升降幅度约为10mm。

（4）结构稳定性：综合各项监测数据，青州桥结构整体稳定，变形情况在可接受范围内，未发现明显的异常情况。

（5）北斗和惯导融合挠度分析：北斗+惯导融合的桥体挠度监测结果精度较高，进一步提高了监测的可靠性和精度，压力变送器监测结果显示青州桥的最大垂向挠度在监测期间约为30mm，且周期偏大，较江海桥、九洲桥挠度变化更大。

4.5 北斗与 InSAR 融合的人工岛结构体监测

人工岛结构体监测采用北斗与 InSAR 融合监测技术，对西人工岛整体采用 PS-InSAR 监测技术，对关键点位采用 PPP-RTK 北斗高精度定位技术与 CR-InSAR 监测技术，并对二者进行相互校验。其中，所用的北斗基准站网由 5 个基准站构成，人工岛监测站布设在越浪泵房、防浪墙和岛上广场，每座人工岛各布设 9 个监测站，共计 18 个监测站，其中有 6 个监测站与 InSAR 角反射器共点。

4.5.1 西人工岛监测

1）北斗结果分析

（1）点位布设

用于港珠澳大桥西人工岛变形监测的监测站布置如图 4.5-1 所示，监测站描述见表 4.5-1。

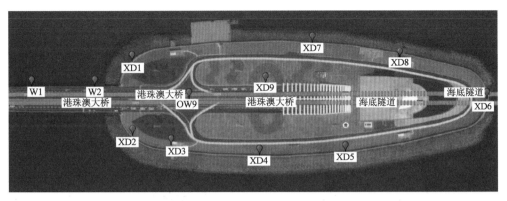

图 4.5-1　西人工岛监测站布置图

西人工岛监测站描述　　　　　　　　　　　　表 4.5-1

人工岛名称	监测站描述	监测站数量	备注
西人工岛	（1）越浪泵房监测站为 XD3 和 XD8； （2）防浪墙上监测站为 XD1、XD2、XD4、XD5、XD6、XD7； （3）岛上广场监测站为 XD9	9	XD3、XD8、XD9 与 InSAR 角反射器共点

（2）评价方法

人工岛位置比较稳定,可以认为其坐标不变。在此基础上,统计其一段时间所有解算结果的标准差(STD)作为精度考核指标。具体分析流程如下:

①将每个监测站连续 7d 的动态坐标解算结果取一个平均值,作为监测站的坐标真值(或坐标参考值)。

②将解算软件生成的实时坐标结果与坐标真值做差,得到 24 个监测站在东方向(E)、北方向(N)、垂直方向(U)的误差时间序列图,如图 4.5-2 所示。

③对各监测站解算结果的 STD 进行统计,见式(4.5-1):

$$STD = \sqrt{\frac{(x_i - \bar{x})^2}{n - 1}} \qquad (4.5-1)$$

式中:x_i——第 i 个解算结果;

$\bar{x}$——所有解算结果的均值;

n——解算结果的个数。

（3）西人工岛定位结果分析

西人工岛北斗高精度定位从动态和静态两种方式进行 PPP-RTK 解算,动态解算的时间间隔为 1s,静态解算的时间间隔为 4h。

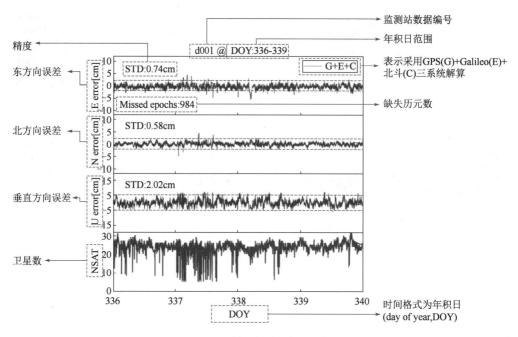

图 4.5-2　误差时间序列图要素详解

①动态解算结果：

数据分析选取所有监测站 2023 年 12 月 7 日至 2023 年 12 月 13 日连续 7d 的观测数据，采用 GPS(G) + Galileo(E) + 北斗(C)三系统联合解算，解算间隔为 1s，得到各个监测站连续 7d 的动态解，并与真值对比，得到 E、N、U 三方向误差时间序列图，如图 4.5-3 所示。

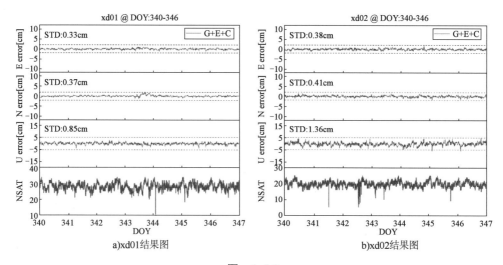

图　4.5-3

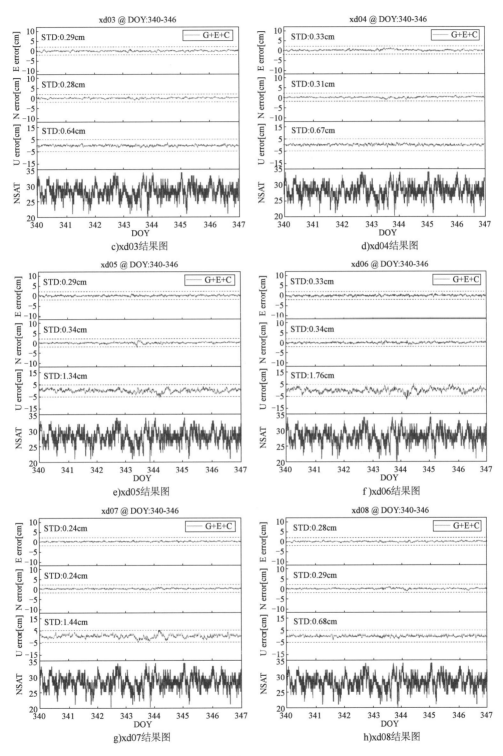

图 4.5-3

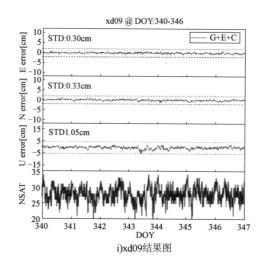

i)xd09结果图

图4.5-3　西人工岛动态定位结果

　　图4.5-3详细展示了西人工岛9个监测站（XD1～XD9）通过PPP-RTK技术进行的E、N、U三方向的G+E+C三系统动态解算结果与定位精度。不仅呈现了监测站在水平和垂直方向上的收敛精度，还提供了卫星数随时间变化的时间序列，卫星数都在20颗以上。在动态水平方向（E、N），所有监测站的解算精度均优于1cm，在动态垂直方向（U）上精度则优于2cm，见表4.5-2。通过对卫星数时间序列的观察，可知监测系统在整个期间能获得相对稳定的卫星观测数据，为解算提供了可靠的基础。

西人工岛连续7d动态定位结果精度统计　　　　　　　　　表4.5-2

区域	监测站	数据编号	精度（STD）		
			E（cm）	N（cm）	U（cm）
西人工岛	XD1	xd01	0.33	0.37	0.85
	XD2	xd02	0.38	0.41	1.36
	XD3	xd03	0.33	0.31	0.64
	XD4	xd04	0.33	0.31	0.67
	XD5	xd05	0.29	0.34	1.34
	XD6	xd06	0.33	0.34	1.76
	XD7	xd07	0.24	0.24	1.44
	XD8	xd08	0.28	0.29	0.68
	XD9	xd09	0.30	0.33	1.05

　　总体上看，解算结果表现出足够的稳定性，没有出现明显的波动，突显了PPP-RTK技术在实时监测中的高准确性和可靠性。而动态垂直方向（U）上观察

到的波动位移可能与当天的交通流量有关,需综合考虑周边环境因素。

②静态解算结果:

静态解算的时间间隔设置为4h(每隔4h解算出一个静态坐标),其中所采用的数据和卫星系统与动态解算案例完全相同。图4.5-4展示了西人工岛监测站在这连续7d里产生的静态结果与真坐标在E、N、U方向上的差值。

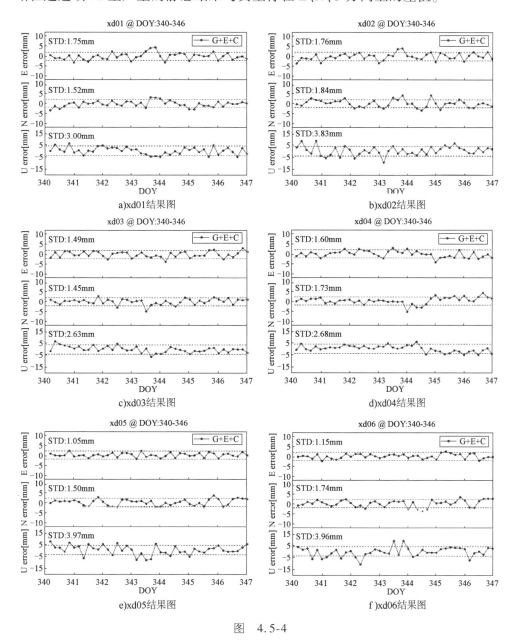

图 4.5-4

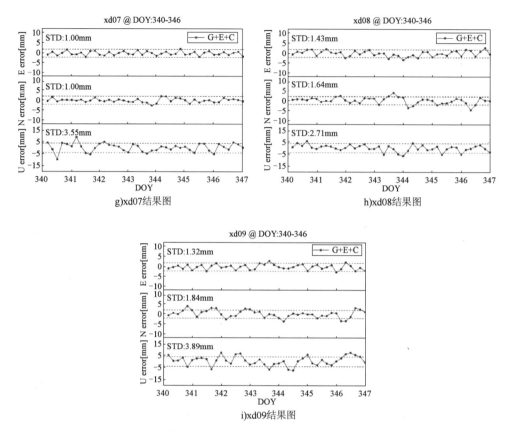

图 4.5-4　西人工岛静态定位结果图

图 4.5-4 详细展示了西人工岛 9 个监测站(XD1~XD9)通过 PPP-RTK 技术进行的 E、N、U 三方向 G+E+C 三系统静态解算结果。呈现了监测站在水平和垂直方向上的收敛精度。在静态水平方向(E、N),所有监测站的解算精度均优于 2mm,在静态垂直方向(U)上精度则优于 4mm,见表 4.5-3。相对于动态解来说,虽然花费时间较多,但精度提升一个量级,解算结果也表现出足够的稳定性,没有出现明显的波动,能高效满足实际需求。

西人工岛连续 7d 静态定位结果精度统计　　　　　　表 4.5-3

区域	监测站	数据编号	精度(STD)		
			E(mm)	N(mm)	U(mm)
西人工岛	XD1	xd01	1.75	1.52	3.00
	XD2	xd02	1.76	1.84	3.83
	XD3	xd03	1.49	1.45	2.63
	XD4	xd04	1.60	1.73	2.68

区域	监测站	数据编号	精度（STD）		
			E（mm）	N（mm）	U（mm）
西人工岛	XD5	xd05	1.05	1.50	3.97
	XD6	xd06	1.15	1.74	3.96
	XD7	xd07	1.00	1.00	3.55
	XD8	xd08	1.43	1.64	2.71
	XD9	xd09	1.32	1.84	3.89

2）PS-InSAR 结果分析

西人工岛变形曲线整体呈有起伏变化的沉降状态。2020 年 1 月至 2021 年 2 月，PS 点不规则沉降；2021 年 2 月至 2021 年 7 月，PS 点加速沉降；2021 年 7 月后，PS 点不规则沉降，最后有抬升的趋势；最大沉降量约为 38mm，平均变形速率为 −8.26mm/年，累计变形量为 −29.1mm。西人工岛的 PS 点分布如图 4.5-5 所示，时序历史曲线统计如图 4.5-6 所示。

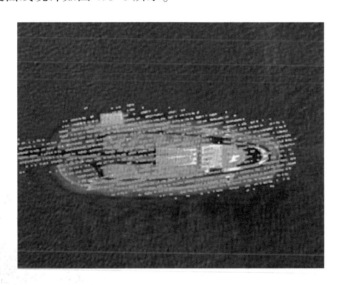

图 4.5-5　PS 点分布

3）CR-InSAR 结果分析

西人工岛监测情况见表 4.5-4，CR-InSAR 变形监测见表 4.5-5，角反射器不同时间累计变形量统计见表 4.5-6，角反射器相邻两期变形量统计见表 4.5-7。

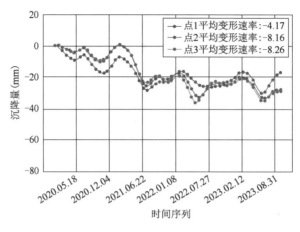

图 4.5-6　时序历史曲线统计

西人工岛监测情况　表 4.5-4

（1）监测工作主要包括两个方面：①布设角反射器（CR 点）；②进行基于雷达卫星的 CR-InSAR 监测； （2）西人工岛布设的角反射器全为三面角，本次监测有 3 个角反射器，监测站位置分别为 XD3、XD8 和 XD9					
角反射器布设基本情况	监测站位置	经度	纬度	高度（m）	位置
	XD3	113°46′53.61″	22°16′56.86″	6.4	泵房
	XD8	113°47′06.59″	22°17′01.47″	6.7	泵房
	XD9	113°46′58.72″	22°17′00.14″	2.2	泵房（有信号塔）

CR-InSAR 变形监测　表 4.5-5

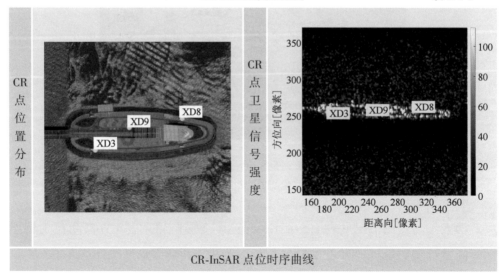

CR点位置分布	CR点卫星信号强度

CR-InSAR 点位时序曲线

续上表

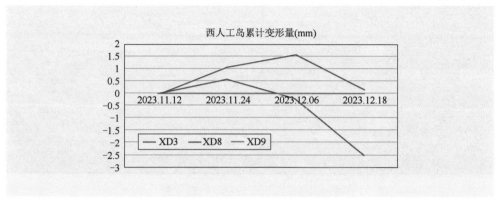

角反射器不同时间累计变形量统计   表 4.5-6

角反射器	不同时间累计变形量（mm）			
	2023.11.12	2023.11.24	2023.12.06	2023.12.18
XD3	0	1.1	1.6	0.2
XD8	0	0.6	−0.2	−2.5
XD9	0	0	0	0

角反射器相邻两期变形量统计   表 4.5-7

角反射器	相邻两期变形量（mm）			
	2023.11.12	2023.11.24	2023.12.06	2023.12.18
XD3	0	1.1	0.5	−1.4
XD8	0	0.6	−0.8	−2.3
XD9	0	0	0	0

基于雷达数据，采用 CR-InSAR 技术对西人工岛进行了变形监测与分析，获取了研究区域内的高精度变形信息。西人工岛从 2023 年 11 月至 2023 年 12 月累计沉降量最大值为 2.5mm。

4.5.2 东人工岛监测

1）北斗结果分析

（1）点位布设

用于港珠澳大桥中东人工岛变形监测的监测站分布如图 4.5-7 所示，监测站描述见表 4.5-8。

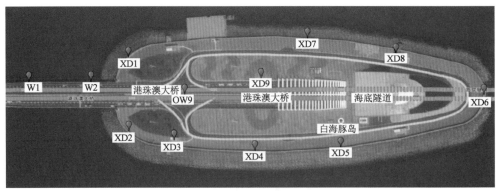

图 4.5-7　东人工岛监测站布置图

东人工岛监测站描述　　　　　　　　　　　　　表 4.5-8

人工岛名称	监测站描述	监测站数量	备注
东人工岛	（1）越浪泵房监测站为 DD3 和 DD7； （2）防浪墙上监测站为 DD1、DD2、DD4、DD5、DD6、DD9； （3）岛上广场监测站为 DD8	9	DD3、DD7 与 In-SAR 角反射器共点

（2）东人工岛定位结果分析

东人工岛北斗高精度定位从动态和静态两种方式进行 PPP-RTK 解算，动态解算的时间间隔为 1s，静态解算的时间间隔为 4h。

①动态结算结果：

数据分析选取所有观测站 2023 年 12 月 7 日至 2023 年 12 月 13 日连续 7d 的观测数据，采用 G+E+C 三系统联合解算，解算间隔为 1s，得到各个监测站连续 7d 的动态解，并与真值对比，得到 E、N、U 三方向误差时间序列图，如图 4.5-8 所示。

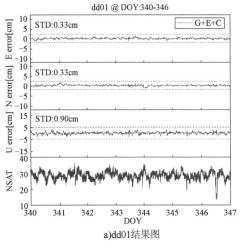
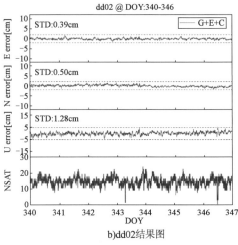

a)dd01结果图　　　　　　　　　　　　　　b)dd02结果图

图　4.5-8

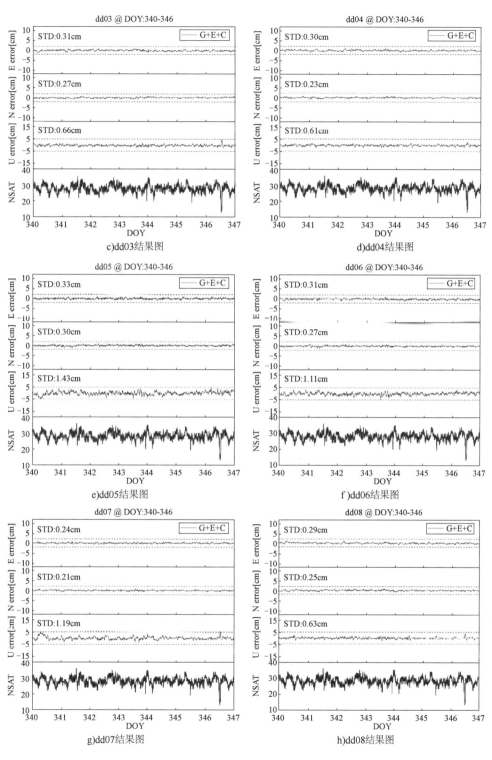

图 4.5-8

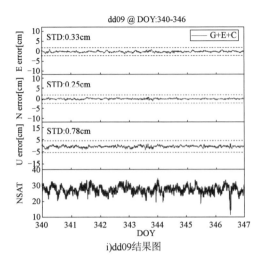

i)dd09结果图

图 4.5-8　东人工岛动态定位结果

图 4.5-8 详细展示了东人工岛 9 个监测站(DD1 ~ DD9)通过 PPP-RTK 技术进行的 E、N、U 三方向的 G + E + C 三系统动态解算结果,不仅呈现了监测站在水平和垂直方向上的收敛精度,还提供了卫星数随时间变化的时间序列,卫星数基本都在 20 颗以上。在动态水平方向(E、N),所有监测站的解算精度均优于 0.5cm,在动态垂直方向(U)上精度则优于 1.5cm,见表 4.5-9,表明东人工岛相对于西人工岛位移更加稳定,同时彰显了监测系统在这段时间内卓越的解算表现。通过对卫星数时间序列的观察,可知监测系统在整个期间能获得相对稳定的卫星观测数据,为解算提供了可靠的基础。

东人工岛连续 7d 动态定位结果精度统计　　　　　　　　　　　　表 4.5-9

区域	监测站	数据编号	精度(STD)		
			E(cm)	N(cm)	U(cm)
东人工岛	DD1	dd01	0.33	0.33	0.90
	DD2	dd02	0.39	0.50	1.28
	DD3	dd03	0.31	0.27	0.66
	DD4	dd04	0.30	0.23	0.61
	DD5	dd05	0.33	0.30	1.43
	DD6	dd06	0.31	0.27	1.11
	DD7	dd07	0.24	0.21	1.19
	DD8	dd08	0.29	0.25	0.63
	DD9	dd09	0.33	0.25	0.78

总体上看,解算结果表现出足够的稳定性,没有出现明显的波动,突显了 PPP-RTK 技术在实时监测中的高准确性和可靠性。而动态垂直方向(U)上观察

到的波动位移可能与当天的交通流量有关,需综合考虑周边环境因素。

②静态结算结果:

静态解算的时间间隔设置为 4h(每隔 4h 解算出一个静态坐标),其中所采用的数据和卫星系统与动态解算案例完全相同。图 4.5-9 展示了东人工岛监测站在连续 7d 里产生的静态结果与真坐标在 E、N、U 三方向的差值。

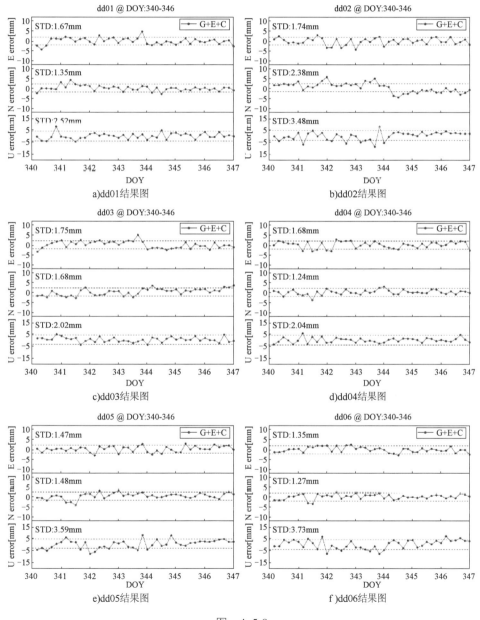

图 4.5-9

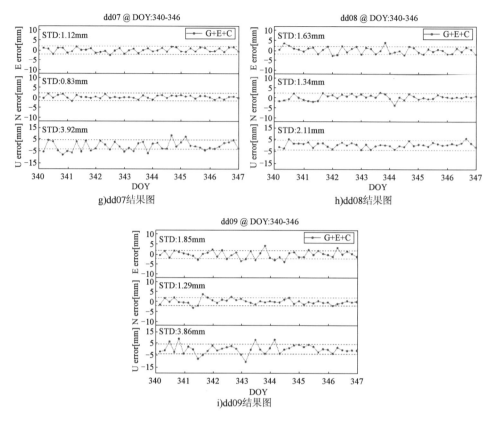

图 4.5-9　东人工岛静态定位结果

图 4.5-9 详细展示了东人工岛的 9 个监测站(DD1 ～ DD9)通过 PPP-RTK 技术进行的 E、N、U 三方向的 G + E + C 三系统静态解算结果,呈现了监测站在水平和垂直方向上的收敛精度。在静态水平方向(E、N),所有监测站的解算精度均优于 2mm,而在静态垂直方向(U)精度则优于 4mm,见表 4.5-10,和西人工岛精度误差一致。另外,相对于动态解而言,虽然花费时间较多,但精度提升一个量级,解算结果表现出足够的稳定性,没有出现明显的波动,能高效满足实际需求。

东人工岛连续 7d 静态定位结果精度统计　　　　　　　　表 4.5-10

区域	监测站	数据编号	精度(STD)		
			E(mm)	N(mm)	U(mm)
东人工岛	DD1	dd01	1.67	1.35	2.52
	DD2	dd02	1.74	2.38	3.48
	DD3	dd03	1.75	1.68	2.02
	DD4	dd04	1.68	1.24	2.04

续上表

区域	监测站	数据编号	精度（STD）		
			E（mm）	N（mm）	U（mm）
东人工岛	DD5	dd05	1.47	1.48	3.59
	DD6	dd06	1.35	1.27	3.73
	DD7	dd07	1.12	0.83	3.92
	DD8	dd08	1.63	1.34	2.11
	DD9	dd09	1.85	1.29	3.86

2）PS-InSAR 结果分析

东人工岛变形曲线整体呈周期性变化的沉降状态。2020 年 1 月至 2020 年 6 月，PS 点先抬升后沉降；2020 年 6 月至 2021 年 3 月，PS 点缓慢抬升后沉降；2021 年 3 月后，PS 点经过 4 次先抬升后沉降，最后有继续抬升的趋势；最大沉降量约 50mm，平均变形速率 – 12.19mm/年，累计变形量 – 36.8mm。东人工岛的 PS 点分布如图 4.5-10 所示，时序历史曲线统计如图 4.5-11 所示。

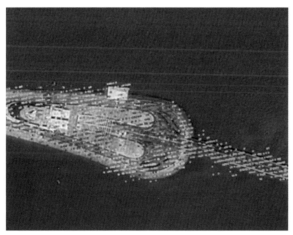

图 4.5-10 PS 点分布

3）CR-InSAR 结果分析

本节基于雷达数据，采用 CR-InSAR 技术对东人工岛进行了变形监测与分析，获取了研究区域内的高精度变形信息。东人工岛从 2023 年 11 月至 2023 年 12 月累计沉降量最大值为 3.6mm，具体监测情况见表 4.5-11，CR-InSAR 变形监测见表 4.5-12，角反射器不同时间累计变形量统计见表 4.5-13，角反射器相邻两期变形量统计见表 4.5-14。

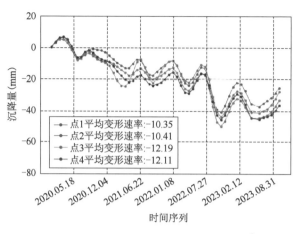

图 4.5-11　时序历史曲线统计

东人工岛监测情况　　　　　　　　　　　　　　　　　表 4.5-11

（1）监测工作主要包括两个方面：①布设角反射器（CR 点）；②进行基于雷达卫星的 CR-In-SAR 监测； （2）东人工岛布设的角反射器全为三面角，本次监测有 3 个角反射器，分别为 DD3、DD7 和 DD8					
角反射器布设基本情况	监测站位置	经度	纬度	高度（m）	位置
	DD3	113°50′32.21″	22°16′55.23″	6.8	泵房
	DD7	113°50′42.93″	22°16′58.36″	6.7	泵房
	DD8	113°50′41.58″	22°16′52.05″	6.7	广场

CR-InSAR 变形监测　　　　　　　　　　　　　　　　表 4.5-12

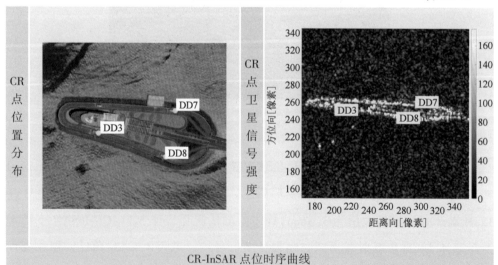

CR-InSAR 点位时序曲线

续上表

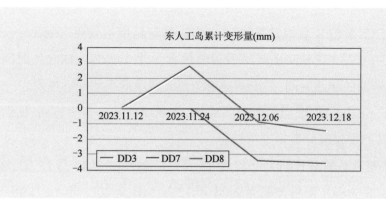

角反射器不同时间累计变形量统计　　　　　　　　表 4.5-13

角反射器	不同时间累计变形量（mm）			
	2023.11.12	2023.11.24	2023.12.06	2023.12.18
DD3	0	2.8	-0.9	-1.5
DD7	0	0	-3.4	-3.6
DD8	0	0	0	0

角反射器相邻两期变形量统计　　　　　　　　表 4.5-14

角反射器	相邻两期变形量（mm）			
	2023.11.12	2023.11.24	2023.12.06	2023.12.18
DD3	0	2.8	-3.7	-0.6
DD7	0	0	-3.4	-0.2
DD8	0	0	0	0

4.5.3　北斗与 CR-InSAR 结果校验

北斗测量和 CR-InSAR 测量分别属于两种不同的测量系统,北斗测量结果无法与 CR-InSAR 测量结果进行直接对比。为此,首先开展北斗地面测量和 CR-InSAR 沉降测量,获取测量数据后对数据进行时间、空间基准统一,提取北斗地面监测站对应的 CR-InSAR 测量值,利用线性回归实现地面和 CR-InSAR 两种测量系统参考基准的统一,最后对 CR-InSAR 测量精度进行分析与评价。

1）数据准备

（1）将与 CR-InSAR 数据具有时空一致性、测量精度达到要求的北斗实测数据视为真值，并作为 CR-InSAR 结果的检验依据。北斗实测数据起止时间应包括 SAR 图像获取的起止时间，其变形速率为该时间段的平均变形速率。

（2）对于 CR-InSAR 沉降测量监测成果，将视线向转换至垂直向，然后再依据北斗监测站的垂直沉降数据进行校验。

（3）北斗监测站测量日期为 2023 年 12 月 6 日至 2023 年 12 月 18 日，每日均有 6 次监测，CR-InSAR 测量日期为 2023 年 12 月 6 日至 2023 年 12 月 18 日，共监测 2 次，InSAR 成果采用与地面观测相同的日期。

通过整理现有北斗监测数据和 CR-InSAR 监测数据，最终选定北斗监测站编号为 DD3、DD7、XD3、XD8 的四个点位作为校核点，与北斗监测站对应的 CR 点编号为 DD3、DD7、XD3、XD8。

选定校核点的数据准备见表 4.5-15。

校核点数据准备　　　　　　　　　　　表 4.5-15

监测站	数据编号	2023.12.06 北斗监测沉降（mm）	2023.12.18 北斗监测沉降（mm）	2023.12.06 CR-InSAR 监测沉降（mm）	2023.12.18 CR-InSAR 监测沉降（mm）
DD3	dd03-01	0.96	−3.53	−1.90	−1.50
	dd03-02	1.17	−5.13		
	dd03-03	−0.13	−5.29		
	dd03-04	0.01	−2.19		
	dd03-05	4.52	−1.31		
	dd03-06	3.03	−3.49		
DD7	dd07-01	−5.93	−3.77	−3.40	−5.60
	dd07-02	3.58	−2.24		
	dd07-03	2.57	−1.48		
	dd07-04	−5.06	−3.03		
	dd07-05	−8.52	−3.28		
	dd07-06	−5.50	−1.52		

续上表

监测站	数据编号	2023.12.06 北斗监测沉降 （mm）	2023.12.18 北斗监测沉降 （mm）	2023.12.06 CR-InSAR 监测沉降 （mm）	2023.12.18 CR-InSAR 监测沉降 （mm）
XD3	xd03-01	−1.49	−1.03	1.60	0.20
	xd03-02	6.88	−2.08		
	xd03-03	4.52	−2.50		
	xd03-04	3.27	1.42		
	xd03-05	2.28	0.99		
	xd03-06	0.73	−0.94		
XD8	xd08-01	0.64	−3.01	−0.20	−2.50
	xd08-02	4.00	−2.00		
	xd08-03	1.77	−0.99		
	xd08-04	5.79	1.47		
	xd08-05	0.29	1.90		
	xd08-06	−0.71	0.38		

2）校核指标算法

相关系数大于0.7，评估认为CR-InSAR成果精度可靠，数据可信。本次数据校核工作，由于参与校核的数据量较少，仅能对两个时间的数据进行对比分析，因此，不必进行相关系数计算。

利用北斗测量结果评定基准校正后的CR-InSAR测量结果精度，计算北斗测量结果和校正后的CR-InSAR测量结果的中误差、平均误差，中误差和平均误差应满足精度指标±3mm的要求。

3）数据时空基准统一

本次采用北斗监测数据（地面数据从2023年12月6日至2023年12月18日，共监测2次）与CR-InSAR监测数据（从2023年12月6日至2023年12月18日，共监测2次），CR-InSAR成果采用与地面监测相同的日期。将CR-InSAR、北斗监测的数据统一投影到精确的CGCS2000坐标系，实现空间基准的统一。

4）粗差剔除

粗差剔除主要分为变形测量值偏差检验与变形速率差值检验。

（1）变形测量值偏差检验

将第 i 个北斗监测站的变形测量值记为 x_i^{true}，其对应位置上的 CR-InSAR 变形速率监测结果记为 x_i^{InSAR}。第 i 个北斗监测站监测值与 CR-InSAR 监测结果之间的偏差记为 Δ_i，北斗监测站数据集与 CR-InSAR 监测结果之间的标准差为 σ_α，分别按式（4.5-2）、式（4.5-3）计算：

$$\Delta_i = \frac{x_i^{\text{true}}}{T} - x_i^{\text{InSAR}} \tag{4.5-2}$$

$$\sigma_\alpha = \sqrt{\frac{1}{n-1}\sum_{i=1}^{n}\left(\frac{x_i^{\text{true}}}{T} - x_i^{\text{InSAR}}\right)} \tag{4.5-3}$$

式中：T——北斗监测数据的时间基线；

n——北斗监测点（对）个数。

若 Δ_i 的绝对值大于 3 倍的 σ_α，则将 x_i^{true} 作为粗差剔除。

（2）变形速率差值检验

将北斗监测站的变形速率与相应时段 CR-InSAR 监测的变形速率做差，大部分差值位于 ±10mm 之内，为准确评价 InSAR 监测精度，将差值绝对值较大的点删除。

根据以上原则，删除的数据有 4 个，具体的数据编号分别是 dd03-05、dd03-06、dd07-05、xd03-02。

5）提取结果

剔除较大差值之后，北斗监测的平均变形量和 CR-InSAR 监测的变形量，以及两者之间的差值见表 4.5-16。

北斗监测的平均变形量和 **CR-InSAR** 监测的变形量对比　　　　　表 4.5-16

数据编号	2023.12.06 北斗 （mm）	2023.12.18 CR-InSAR （mm）	2023.12.06 CR-InSAR （mm）	2023.12.18 CR-InSAR （mm）
dd03	0.33	−2.69	−1.90	−1.50
dd07	−2.39	−2.55	−3.40	−5.60

续上表

数据编号	2023.12.06 北斗 （mm）	2023.12.18 CR-InSAR （mm）	2023.12.06 CR-InSAR （mm）	2023.12.18 CR-InSAR （mm）
xd03	2.02	−0.69	1.60	0.20
xd08	1.96	−0.38	−0.20	−2.50

6）精度分析与评价

（1）测量结果及差值折线图

北斗与 CR-InSAR 监测结果的差值基本在 ±3mm 内，如图 4.5-12 所示。

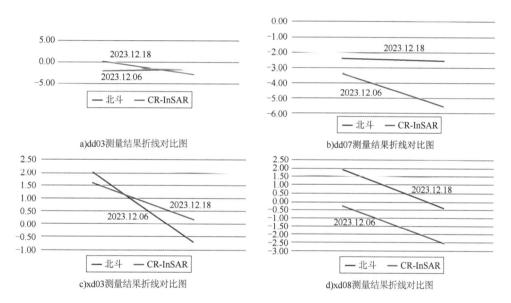

a)dd03测量结果折线对比图　　b)dd07测量结果折线对比图

c)xd03测量结果折线对比图　　d)xd08测量结果折线对比图

图 4.5-12　北斗与 CR-InSAR 监测结果折线对比图

（2）精度分析与评价

与北斗监测相比，2023 年 12 月 6 日至 2023 年 12 月 18 日期间，北斗监测数据和 CR-InSAR 监测数据平均误差为 ±1.634mm，中误差为 ±2.355mm，平均误差和中误差均满足精度指标 ±3mm 的要求。在后续得到更多监测数据后，可以合理判断各项误差参数并进一步拟合，使监测精度得到优化。

4.5.4　港珠澳大桥整体 InSAR 变形分析

采用覆盖监测区的 2020 年 1 月至 2023 年 10 月 56 期 Sentinel 长时间序列

SAR 卫星影像,利用 InSAR 技术的独特优势监测港珠澳大桥监测区范围内的沉降分布、面积、大小等,重点分析港珠澳大桥因沉降可能带来的潜在风险。

1)时间序列 SAR 影像

采用 2020 年 1 月至 2023 年 10 月期间 56 期 Sentinel-1A 重复轨道 SAR 影像,InSAR 数据的基本参数见表 4.5-17。

SAR 影像基本参数 表 4.5-17

参数	数值				
卫星类型	Sentinel-1A				
成像模式	TOPS 模式				
数据波段	C 波段(5.6cm)				
空间分辨率	5×20m				
升/降轨模式	升轨				
极化方式	VV 单极化				
中心入射角	41.56°				
影像数量	56				
数据级别	SLC 数据(单视复)				
监测时间	2020.01.08	2020.02.01	2020.02.25	2020.03.20	2020.04.13
	2020.05.07	2020.06.12	2020.07.06	2020.07.30	2020.08.23
	2020.09.16	2020.10.10	2020.11.03	2020.11.27	2020.12.21
	2021.01.14	2021.02.07	2021.03.03	2021.03.27	2021.04.20
	2021.05.14	2021.06.07	2021.07.01	2021.07.25	2021.08.18
	2021.09.11	2021.10.05	2021.10.29	2021.11.22	2021.12.16
	2022.01.09	2022.02.02	2022.02.26	2022.03.22	2022.04.15
	2022.05.09	2022.06.02	2022.06.26	2022.07.20	2022.08.13
	2022.09.06	2022.09.30	2022.10.24	2022.11.17	2022.12.11
	2023.01.04	2023.01.28	2023.02.21	2023.03.17	2023.04.22
	2023.06.09	2023.07.03	2023.07.27	2023.08.20	2023.09.13
			2023.10.07		
处理方法	PS-InSAR				

所提供的单景雷达卫星数据覆盖 100% 作业范围。所获取的 SAR 影像数据适用于时间序列地表变形监测应用,提供 2020 年 1 月至 2023 年 10 月共 56 期重复覆盖雷达干涉影像,数据收集的时间段尽可能地避免地面自然状况变化带来的去相关及误差因素。重复获取影像均为 VV 单极化方式、C 波段、升轨的重轨数据,便于干涉处理。获取影像均不模糊、不散焦,无明显错行、断行,无掉线、条带、增益过度现象。

2）InSAR 成果精度评估

根据 InSAR 地面沉降测量成果进行相对精度评价,评价方法如下:选取监测区稳定区域作为地面观测真值(参考基准);在其周边均匀提取 InSAR 测量值作为观测值,观测值样本点一般不少于 15 个,组成一组精度验证数据;评估成果精度的参数主要是中误差和平均误差。

数据选点原则:点位分布比较均匀;选取的点位为历年沉降变化数值小的稳定区域。

（1）InSAR 数据提取

以稳定区域沉降量为零作为真值,提取港珠澳大桥 2020 年 1 月至 2023 年 10 月的 InSAR 监测数据 20 个样本点。由于港珠澳大桥上的数据受季节变化影响明显,选择的样本点主要位于大桥西侧陆地,样本点时间序列曲线如图 4.5-13 所示。将 InSAR 监测数据与假定的真值进行做差,整理得到误差绝对值。由于在计算过程中 2020 年 1 月 8 日为第一期影像,其计算结果为零值,因此,进行精度验证时,将 2020 年 2 月至 2023 年 10 月 55 期监测数据得到的累计沉降量与假定的真值进行验证分析。

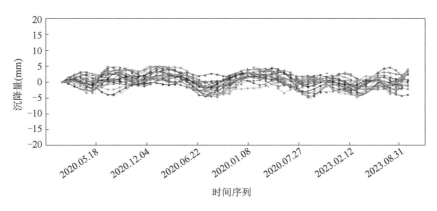

图 4.5-13　港珠澳人桥 2020 年 1 月至 2023 年 10 月样本点时间序列曲线

（2）精度计算与评价

对计算结果进行精度分析计算,计算中误差统计直方图如图 4.5-14 所示。

从图 4.5-14 可以看出,在稳定区域周边均匀选取的 20 个样本点中误差区间为 ±[0.75mm,2.95mm],平均误差区间为 ±[0.64mm,2.47mm],平均误差和中误差均满足精度指标 ±3mm 的要求。

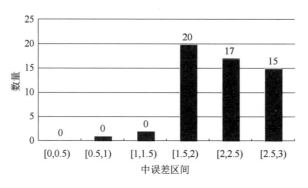

图 4.5-14　中误差统计直方图

3）变形量分析

本次基于港珠澳大桥监测区 2020 年 1 月至 2023 年 10 月间 56 期长时间雷达干涉图像序列，利用 PS-InSAR 技术获取了监测区的地面沉降信息。根据 PS-InSAR 计算结果，共提取 255641 个 PS 点，每个 PS 点包括三维位置信息、平均变形速率信息和变形历史信息。

累计变形量统计如图 4.5-15 所示，累计变形量区间为 [－173.9mm，61.9mm]，其中累计变形量多集中在 －12 ~ 12mm，占 PS 点总数的 72.71%。以累计变形量绝对值 28mm 为阈值，超过阈值的 PS 点占 2.57%。因此，监测区处于比较稳定或整体缓慢变形的过程中。

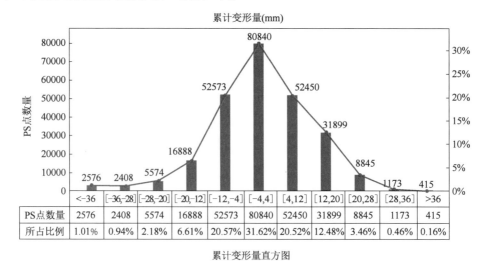

	<-36	[-36,-28]	[-28,-20]	[-20,-12]	[-12,-4]	[-4,4]	[4,12]	[12,20]	[20,28]	[28,36]	>36
PS点数量	2576	2408	5574	16888	52573	80840	52450	31899	8845	1173	415
所占比例	1.01%	0.94%	2.18%	6.61%	20.57%	31.62%	20.52%	12.48%	3.46%	0.46%	0.16%

累计变形量直方图

图 4.5-15　港珠澳大桥监测区累计变形量统计（2020.01—2023.10）

4）变形速率分析

平均变形速率统计如图 4.5-16 所示,平均变形速率区间为 [− 45.77mm/年,13.25mm/年],其中变形速率多集中在 − 3 ~ 3mm/年,占 PS 点总数的81.95%。以变形速率绝对值 7mm/年为阈值,超过阈值的 PS 点占 2.87%。因此,监测区处于比较稳定或整体缓慢变形的过程中。

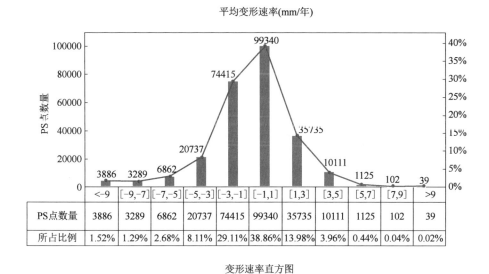

图 4.5-16　港珠澳大桥监测区平均变形速率统计（2020.01—2023.10）

平均变形速率绝对值超过 7mm/年的 PS 点共 7316 个,主要分布在港珠澳大桥珠海公路口岸、澳门口岸、东人工岛等。

4.5.5　结果分析

根据东、西人工岛 G + E + C 三系统组合监测数据分析结果,静态定位精度满足水平 2mm、垂直 4mm 的要求,动态定位精度满足水平 1cm、垂直 3cm 的要求。此外,InSAR 结果也较好地反映了人工岛整体及关键部位的变形状态,并通过了与北斗监测结果的校验。

4.6 北斗的岛桥接合部监测

4.6.1 西人工岛岛桥接合部监测

1)点位布设

用于港珠澳大桥西人工岛岛桥接合部变形监测的监测站分布如图 4.6-1 所示,监测站描述见表 4.6-1。

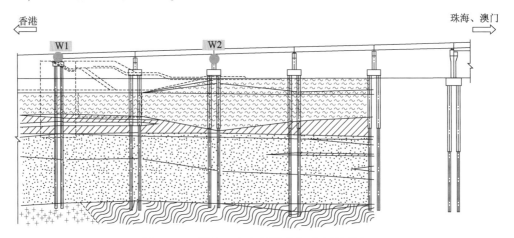

图 4.6-1　西人工岛岛桥接合部监测站分布

西人工岛岛桥接合部北斗监测站描述　　　　　　　　　　　　表 4.6-1

监测位置	监测站描述	监测站数量
西人工岛岛桥接合部非通航孔桥	(1)11 号台顶部 W1; (2)13 号过渡墩处 W2	2

2)西人工岛岛桥接合部定位结果分析

西人工岛岛桥接合部北斗高精度定位从动态和静态两种方式进行 PPP-RTK 解算,动态解算的时间间隔为 1s,静态解算的时间间隔为 4h。

(1)动态解算结果

数据分析取所有监测站 2023 年 12 月 7 日至 2023 年 12 月 13 日连续 7d 的观测数据,采用 G + E + C 三系统联合解算,解算间隔为 1s,得到各个监测站连续 7d 的动态解,如图 4.6-2 所示。

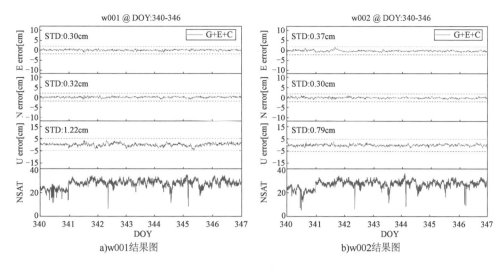

图 4.6-2 西人工岛岛桥接合部动态定位结果

图 4.6-2 和表 4.6-2 详细展示了 2023 年 12 月 7 日至 2023 年 12 月 13 日西人工岛岛桥接合部的 2 个监测站(W1、W2)通过 PPP-RTK 技术进行的 E、N、U 三方向的 G + E + C 三系统动态解算结果,不仅呈现了监测站在水平和垂直方向上的收敛精度,还提供了卫星数随时间变化的时间序列,卫星数基本都在 20 颗左右。在动态水平方向(E、N),所有监测站的解算精度均优于 0.5cm,而在动态垂直方向(U)上精度则优于 1.5cm,彰显了监测系统在这段时间内卓越的解算表现。通过对卫星数时间序列的观察,可知监测系统在整个期间能获得相对稳定的卫星观测数据,为解算提供了可靠的基础。

总体上看,解算结果表现出足够的稳定性,没有出现明显的波动,突显了PPP-RTK 技术在实时监测中的高准确性和可靠性。动态垂直方向(U)上观察到的波动位移可能与当天的交通流量有关,需综合考虑周边环境因素。

西人工岛岛桥接合部连续 7d 动态定位结果精度统计　　表 4.6-2

区域	监测站	数据编号	精度(STD)		
			E(cm)	N(cm)	U(cm)
西人工岛岛桥接合部	W1	w001	0.30	0.32	1.22
	W2	w002	0.37	0.30	0.79

(2)静态解算结果

静态解算的时间间隔设置为 4h(每隔 4h 解算出一个静态坐标),其中所采用的数据和卫星系统与动态解算案例完全相同。人工岛岛桥接合部监测站在这连续7d里产生的静态结果与真坐标在E、N、U三方向的差值如图4.6-3所示。

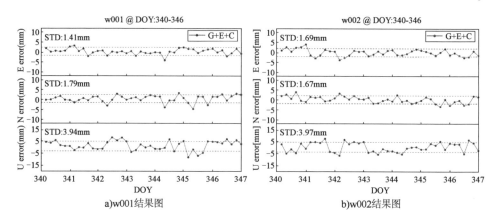

a)w001结果图　　　　　　　　　b)w002结果图

图4.6-3　西人工岛岛桥接合部静态定位结果

图4.6-3和表4.6-3中详细展示了西人工岛岛桥接合部的2个监测站(W1、W2)通过PPP-RTK技术进行的E、N、U三方向的G+E+C三系统静态解算结果,呈现了监测站在水平和垂直方向上的收敛精度。在静态水平方向(E、N),所有监测站的解算精度均优于2mm,而在静态垂直方向(U)上精度则优于4mm。相对于动态解而言,虽然花费时间较多,但精度提升一个量级,解算结果表现出足够的稳定性,没有出现明显的波动,能高效满足实际需求。

西人工岛岛桥接合部连续7d静态定位结果精度统计　　　　表4.6-3

区域	监测站	数据编号	精度(STD)		
			E(mm)	N(mm)	U(mm)
西人工岛岛桥接合部	W1	w001	1.41	1.79	3.94
	W2	w002	1.69	1.67	3.97

4.6.2　东人工岛岛桥接合部监测

1)点位布设

用于港珠澳大桥东人工岛岛桥接合部变形监测的监测站分布如图4.6-4所示,监测站描述见表4.6-4。

东人工岛岛桥接合部北斗监测站描述　　　　表4.6-4

监测位置	监测站描述	监测站数量
东人工岛岛桥接合部非通航孔桥	(1)8号台顶部D1; (2)6号过渡墩D2	2

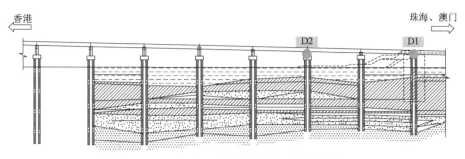

图4.6-4 东人工岛岛桥接合部监测站分布

2)东人工岛岛桥接合部定位结果分析

东人工岛岛桥接合部北斗高精度定位从动态和静态两种方式进行 PPP-RTK 解算,动态解算的时间间隔为 1s,静态解算的时间间隔为 4h。

(1)动态解算结果

数据分析取所有监测站 2023 年 12 月 7 日至 2023 年 12 月 13 日连续 7d 的观测数据,采用 G + E + C 三系统联合解算,解算间隔为 1s,得到各个监测站连续 7d 的动态解,并与真值对比,得到 E、N、U 三方向误差时间序列图,如图 4.6-5 所示。

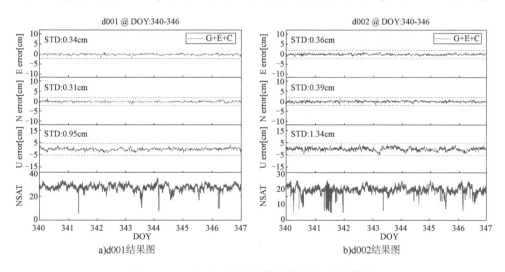

图 4.6-5 东人工岛岛桥接合部动态定位结果

图 4.6-5 和表 4.6-5 详细展示了东人工岛岛桥接合部的 2 个监测站(D1、D2)通过 PPP-RTK 技术进行的 E、N、U 三方向的 G + E + C 三系统动态解算结果,不仅呈现了监测站在水平和垂直方向上的收敛精度,还提供了卫星数随时间变化的时间序列,卫星数基本都在 20 颗左右。在动态水平方向(E、N),所有监测站的解算精度均优于 0.5cm,而在动态垂直方向(U)则优于 1.5cm,彰显了监

测系统在这段时间内卓越的解算表现。通过对卫星数时间序列的观察,可知监测系统在整个期间能获得相对稳定的卫星观测数据,为解算提供了可靠的基础。

总体上看,解算结果表现出足够的稳定性,没有出现明显的波动,突显了PPP-RTK技术在实时监测中的高准确性和可靠性。动态垂直方向(U)上观察到的波动位移可能与当天的交通流量有关,需综合考虑周边环境因素。

东人工岛岛桥接合部连续 7d 动态定位结果精度统计　　表 4.6-5

监测位置	监测站	数据编号	精度(STD)		
			E(cm)	N(cm)	U(cm)
东人工岛岛桥接合部	D1	d001	0.34	0.31	0.95
	D2	d002	0.36	0.39	1.34

(2)静态解算结果

将解算模式设置为静态,并将解算间隔设置为4h(每隔4h解算出一个静态坐标),其中所采用的数据和卫星系统与动态解算案例完全相同。图4.6-6展示了东人工岛岛桥接合部监测站在这连续7d里产生的静态结果与真坐标在东E、N、U三方向的差值。

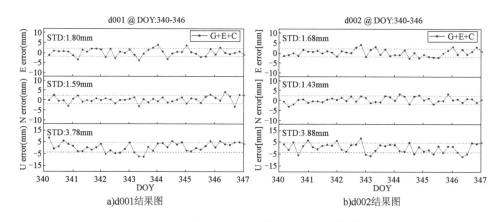

图 4.6-6　东人工岛岛桥接合部静态定位结果

图4.6-6和表4.6-6详细展示了东人工岛岛桥接合部的2个监测站(D1、D2)通过PPP-RTK技术进行的E、N、U三方向的G+E+C三系统静态解算结果,呈现了监测站在水平和垂直方向上的收敛精度。在静态水平方向(E、N),所有监测站的解算精度均优于2mm,而在静态垂直方向(U)精度则优于4mm。相对于动态解而言,虽然花费时间较多,但精度提升一个量级,解算结果表现出令人满意的稳定性,没有出现明显的波动,能高效满足实际需求。

东人工岛岛桥接合部连续 7d 静态定位结果精度统计　　　表 4.6-6

监测位置	监测站	数据编号	精度(STD)		
			E(mm)	N(mm)	U(mm)
东人工岛岛桥接合部	D1	d001	1.80	1.59	3.78
	D2	d002	1.68	1.43	3.88

4.6.3　结果分析

根据设计指标约定,北斗人工岛岛桥接合部位移变形监测服务指标需要静态定位精度满足水平2mm、垂直4mm,动态定位精度满足水平1cm、垂直3cm的要求,从连续7d东、西人工岛岛桥接合部 G + E + C 三系统组合监测数据分析情况来看,完全满足设计要求。

4.7　北斗的岛隧接合部监测

4.7.1　西人工岛岛隧接合部监测

1)点位布设

用于港珠澳大桥西人工岛岛隧接合部变形监测的监测站分布如图4.7-1所示,监测站描述见表4.7-1。

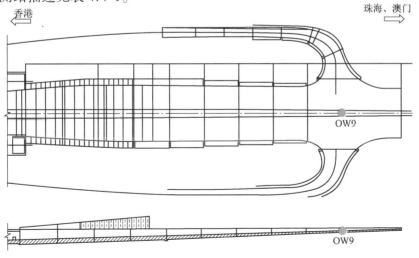

图 4.7-1　西人工岛岛隧接合部监测站分布

西人工岛岛隧接合部北斗监测站描述		表 4.7-1
监测位置	监测站描述	监测站数量
西人工岛敞开段管节 1/2 处	OW9	1

由于人工岛岛隧接合部位置比较稳定,因此,可以先获取各个监测站的真坐标,然后将北斗变形监测系统解算的实时坐标与其进行比对,得到实时解算坐标相对真坐标在 E、N、U 三方向的偏移量或解算误差。静、动态结合的精度分析方法,采用静态方法时,需要数个小时的观测数据联合解算才能得出,相比动态结果精度更高,解算间隔更长。在此基础上,统计其一段时间所有解算结果的标准差(STD)作为精度考核指标。

2)西人工岛岛隧接合部定位结果分析

西人工岛岛隧接合部北斗高精度定位从动态和静态两种方式进行 PPP-RTK 解算,动态解算的时间间隔为 1s,静态解算的时间间隔为 4h。

(1)动态解算结果

数据分析取所有观测站 2023 年 12 月 7 日至 2023 年 12 月 13 日连续 7d 的观测数据,采用 G + E + C 三系统联合解算,解算间隔为 1s,得到各个监测站连续 7d 的动态解,并与真值对比,得到 E、N、U 三方向误差时间序列图,如图 4.7-2 所示。

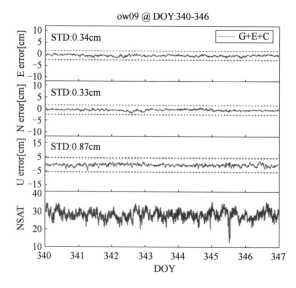

图 4.7-2 西人工岛岛隧接合部动态定位结果

图 4.7-2 详细展示了西人工岛岛隧接合部 OW9 监测站通过 PPP-RTK 技术进行的 E、N、U 三方向的 G + E + C 三系统动态解算结果,不仅呈现了监测站在水平和垂直方向上的收敛精度,还提供了卫星数随时间变化的时间序列,卫星数基本都在 20 颗左右。在动态水平方向(E、N),所有监测站的解算精度均优于 0.5cm,而在动态垂直方向(U)精度则优于 1cm,彰显了监测系统在这段时间内卓越的解算表现。通过对卫星数时间序列的观察,可知监测系统在整个期间能获得相对稳定的卫星观测数据,为解算提供了可靠的基础。

总体上看,解算结果表现出足够的稳定性,没有出现明显的波动,突显了 PPP-RTK 技术在实时监测中的高准确性和可靠性。动态垂直方向(U)上观察到的波动位移可能与当天的交通流量有关,需综合考虑周边环境因素。

(2)静态解算结果

图 4.7-3 展示了西人工岛岛隧接合部监测站在这连续 7d 里产生的静态结果与真坐标在 E、N、U 三方向的差值。

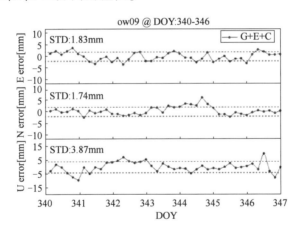

图 4.7-3　西人工岛岛隧接合部静态定位结果

图 4.7-3 详细展示了西人工岛岛隧接合部 OW9 监测站通过 PPP-RTK 技术进行的 E、N、U 三方向的 G + E + C 三系统静态解算结果,呈现了监测站在水平和垂直方向上的收敛精度。在静态水平方向(E、N),所有监测站的解算精度均优于 2mm,而在静态垂直方向(U)精度则优于 4mm。相对于动态解而言,虽然花费时间较多,但精度提升一个量级,解算结果表现出足够的稳定性,没有出现明显的波动,能高效满足实际需求。

4.7.2 东人工岛岛隧接合部监测

1)点位布设

用于港珠澳大桥东人工岛岛隧接合部变形监测的监测站分布如图4.7-4所示,监测站描述见表4.7-2。

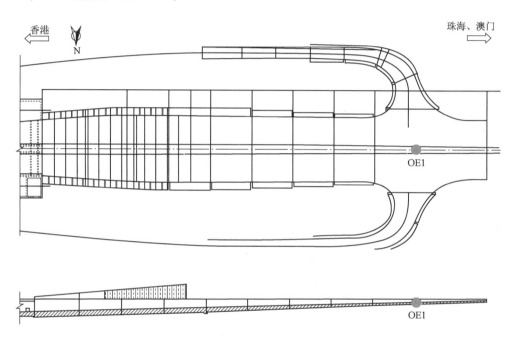

图4.7-4 东人工岛岛隧接合部监测站分布

东人工岛岛隧接合部北斗监测站描述　　　　表4.7-2

监测位置	监测站描述	监测站数量
东人工岛敞开段管节1/2处	OE1	1

2)东人工岛岛隧接合部定位结果分析

东人工岛岛隧接合部北斗高精度定位从动态和静态两种方式进行PPP-RTK解算,动态解算的时间间隔为1s,静态解算的时间间隔为4h。

(1)动态解算结果

数据分析取所有测站2023年12月7日至2023年12月13日连续7d的观测数据,采用G+E+C三系统联合解算,解算间隔为1s,得到各个监测站连续7d的动态解,并与真值对比,得到E、N、U三方向误差时间序列图,如图4.7-5所示。

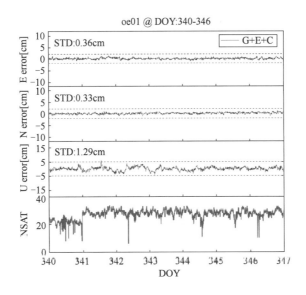

图4.7-5 东人工岛岛隧接合部动态定位结果

图4.7-5详细展示了东人工岛岛隧接合部OE1监测站通过PPP-RTK技术进行的E、N、U三方向的G+E+C三系统动态解算结果,不仅呈现了监测站在水平和垂直方向上的收敛精度,还提供了卫星数随时间变化的时间序列,卫星数基本都在20颗左右。在动态水平方向(E、N),所有监测站的解算精度均优于0.5cm,而在动态垂直方向(U)精度则优于1.5cm,彰显了监测系统在这段时间内卓越的解算表现。

总体上看,解算结果表现出令人满意的稳定性,没有出现明显的波动,突显了PPP-RTK技术在实时监测中的高准确性和可靠性。而动态垂直方向(U)上观察到的波动位移可能与当天的交通流量有关,需综合考虑周边环境因素。

(2)静态解算结果

将解算模式设置为静态,并将解算间隔设置为4h(每隔4h解算出一个静态坐标),其中所采用的数据和卫星系统与动态解算案例完全相同。图4.7-6展示了东人工岛岛隧接合部监测站在这连续7d里产生的静态结果与真坐标在E、N、U三方向的差值。

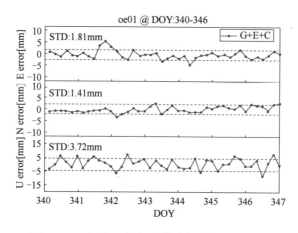

图 4.7-6　东人工岛岛隧接合部静态定位结果

图 4.7-6 详细展示了东人工岛岛隧接合部 OE1 监测站通过 PPP-RTK 技术进行的 E、N、U 三方向的 G + E + C 三系统静态解算结果,呈现了监测站在水平和垂直方向上的收敛精度。在静态水平方向(E、N),所有监测站的解算精度均优于 2mm,而在静态垂直方向(U)精度则优于 4mm。相对于动态解而言,虽然花费时间较多,但精度提升一个量级,解算结果表现出足够的稳定性,没有出现明显的波动,能高效满足实际需求。

4.7.3　结果分析

根据设计指标约定,北斗人工岛岛隧接合部位移变形监测服务指标需要静态定位精度满足水平 2mm、垂直 4mm,动态定位精度满足水平 1cm、垂直 3cm 的要求,从连续 7d 东、西人工岛岛隧接合部 G + E + C 三系统组合监测数据分析情况来看,完全满足设计要求。

4.8　单北斗监测

4.8.1　单北斗监测意义

在跨海通道的监测中,单独使用北斗卫星导航系统进行定位监测具有特殊的重要性和必要性。港珠澳大桥作为全球最长的跨海大桥之一,其复杂结构和重要战略位置使得高精度、高可靠性极的监测系统不可或缺。北斗卫星导航系统是我国自主研发的全球卫星导航系统，能提供毫米级的高精度定位服务，具备较强的抗干扰性和连续稳定性。在大桥监测中，由于地理环境特殊且气候变化频繁，单北斗的独立应用不仅可以有效降低多系统联合使用带来的数据融合误差和不同系统间信号的干扰，确保定位数据的精准性，还能提升整个监测系统的独立性和数据安全性。这对于跨海大桥的长期稳定运行、桥梁结构健康监测，以及桥体位移和沉降等关键指标的实时跟踪，具有重要意义。基于以上原因，本节将单独分析北斗系统在港珠澳大桥人工岛、岛桥接合部和岛隧接合部的监测结果，深入探讨其在该工程中的实际应用效果，以验证单北斗在复杂桥梁结构监测中的技术优势和应用前景。

4.8.2　人工岛单北斗监测

1）西人工岛单北斗定位结果分析

西人工岛单北斗高精度定位从动态和静态两种方式进行 PPP-RTK 解算，动态解算的时间间隔为1s，静态解算的时间间隔为4h。

（1）动态解算结果

用于分析的数据信息见表4.8-1，同时取所有测站2023年12月7日至2023年12月13日连续7d的观测数据，采用单北斗进行联合解算，解算间隔为1s，得到各个监测站连续7d的动态解，并与真值对比，得到E、N、U三方向误差时间序列图，如图4.8-1所示。

西人工岛连续 7d 单北斗动态定位结果精度统计　　　　表 4.8-1

监测位置	监测站	数据编号	精度（STD）		
			E（cm）	N（cm）	U（cm）
西人工岛	XD1	xd01	0.85	0.62	1.68
	XD2	xd02	0.71	0.50	1.53
	XD3	xd03	0.45	0.38	1.34
	XD4	xd04	0.68	0.52	1.56
	XD5	xd05	0.65	0.54	1.52

续上表

监测位置	监测站	数据编号	精度(STD)		
			E(cm)	N(cm)	U(cm)
西人工岛	XD6	xd06	0.72	0.48	1.67
	XD7	xd07	0.69	0.65	1.72
	XD8	xd08	0.41	0.34	1.30
	XD9	xd09	0.79	0.59	1.71

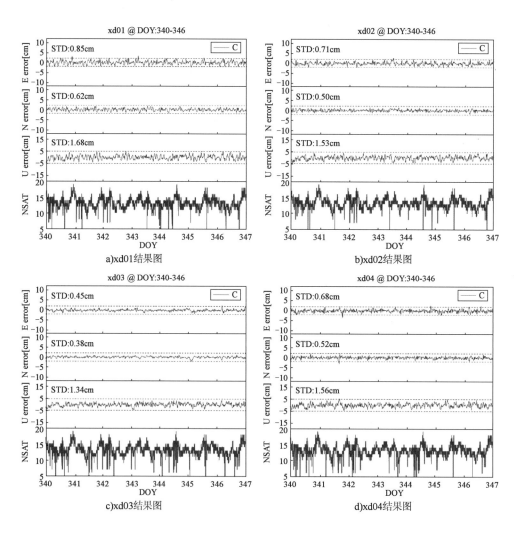

图 4.8-1

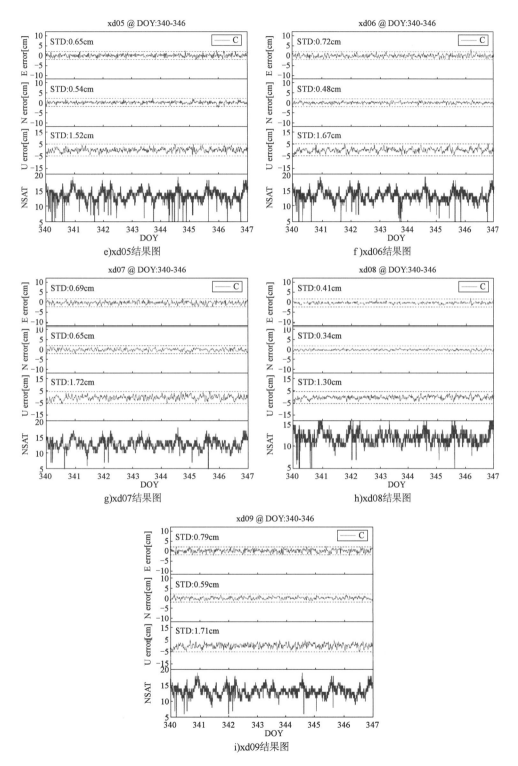

图4.8-1　西人工岛单北斗动态定位结果

图 4.8-1 和表 4.8-1 详细展示了西人工岛 9 个监测站（XD1～XD9）通过 PPP-RTK 技术进行的 E、N、U 三方向的单北斗动态解算结果与精度，不仅呈现了监测站在水平和垂直方向上的收敛精度，还提供了卫星数随时间变化的时间序列，卫星数都在 5 颗以上。在动态水平方向（E、N），所有监测站的解算精度均优于 1cm，而在动态垂直方向（U）精度则优于 3cm，彰显了单北斗监测系统在这段时间内卓越的解算表现。通过对卫星数时间序列的观察，可知监测系统在整个期间能获得相对稳定的卫星观测数据，为解算提供了可靠的基础。解算结果表现出足够的稳定性，没有出现明显的波动。动态垂直方向（U）上观察到的波动位移可能与当天的交通流量有关。

（2）静态解算结果

静态解算的时间间隔设置为 4h（每隔 4h 解算出一个静态坐标），其中所采用的数据和卫星系统与动态解算案例完全相同。图 4.8-2 展示了西人工岛监测站在这连续 7d 里产生的静态结果与真坐标在 E、N、U 三方向的差值。

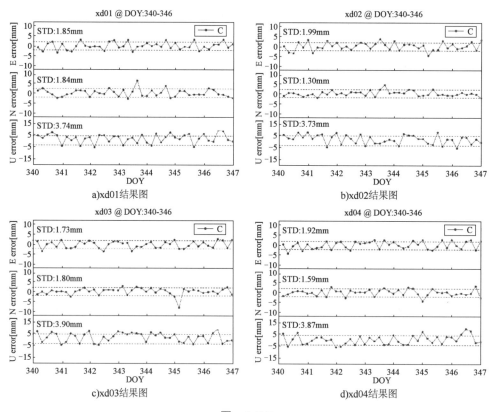

图 4.8-2

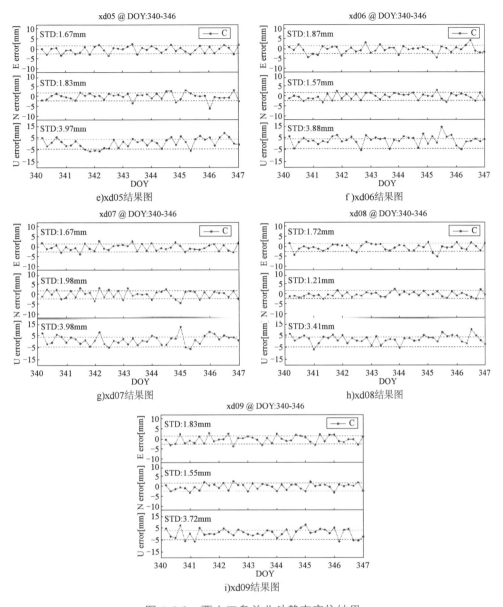

图 4.8-2 西人工岛单北斗静态定位结果

图 4.8-2 和表 4.8-2 详细展示了西人工岛 9 个监测站(XD1 ~ XD9)通过 PPP-RTK 技术进行的 E、N、U 三方向的单北斗静态解算结果,呈现了监测站在水平和垂直方向上的收敛精度。在静态水平方向(E、N),所有监测站的解算精度均优于2mm,而在静态垂直方向(U)则优于4mm。相对于动态解而言,虽然花费时间较多,但精度提升一个量级,解算结果表现出足够的稳定性,没有出现明显的波动,能高效满足实际需求。同时,单北斗解算精度水平与 G + E + C 三系统

相当,表明北斗卫星导航系统建设日趋成熟,加上 PPP-RTK 优越算法的加持,北斗的定位性能被充分挖掘。

西人工岛连续 7d 单北斗静态定位结果精度统计   表 4.8-2

监测位置	监测站	数据编号	精度(STD)		
			E(mm)	N(mm)	U(mm)
西人工岛	XD1	xd01	1.85	1.84	3.74
	XD2	xd02	1.99	1.30	3.73
	XD3	xd03	1.73	1.80	3.90
	XD4	xd04	1.92	1.59	3.87
	XD5	xd05	1.67	1.83	3.97
	XD6	xd06	1.87	1.57	3.88
	XD7	xd07	1.67	1.98	3.98
	XD8	xd08	1.72	1.21	3.41
	XD9	xd09	1.83	1.55	3.72

2)东人工岛单北斗定位结果分析

东人工岛单北斗高精度定位从动态和静态两种方式进行 PPP-RTK 解算,动态解算的时间间隔为 1s,静态解算的时间间隔为 4h。

(1)动态解算结果

数据分析取所有监测站 2023 年 12 月 7 日至 2023 年 12 月 13 日连续 7d 的观测数据,采用单北斗进行联合解算,解算间隔为 1s,得到各个监测站连续 7d 的动态解,并与真值对比,得到 E、N、U 三方向误差时间序列图,如图 4.8-3 所示。

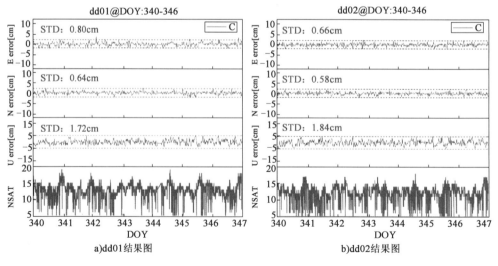

图 4.8-3

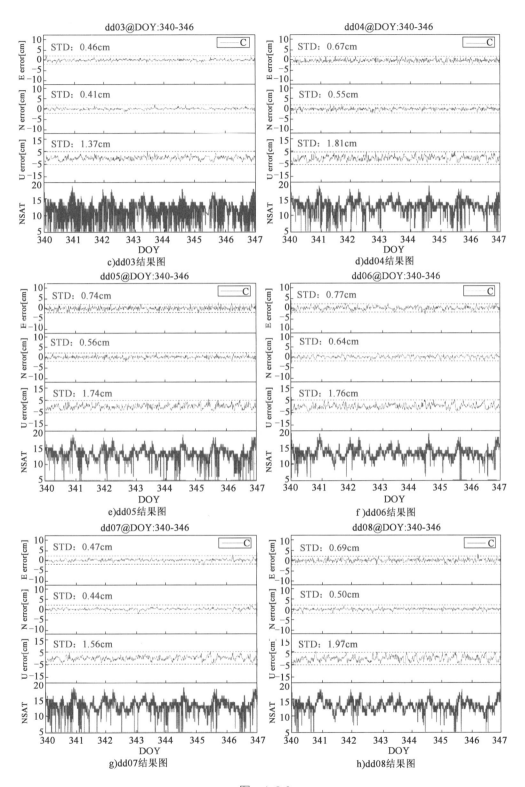

图 4.8-3

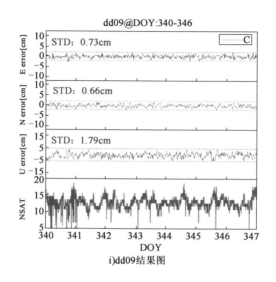

i)dd09结果图

图4.8-3　东人工岛单北斗动态定位结果

图4.8-3和表4.8-3详细展示了东人工岛9个监测站(DD1～DD9)通过PPP-RTK技术进行的E、N、U三方向的单北斗动态解算结果与精度,不仅呈现了监测站在水平和垂直方向上的收敛精度,还提供了卫星数随时间变化的时间序列,卫星数都在5颗以上。在动态水平方向(E、N),所有监测站的解算精度均优于1cm,而在动态垂直方向(U)则优于2cm,较G+E+C三系统略差,但精度十分接近,彰显了单北斗在这段时间内卓越的解算表现。

东人工岛连续7d单北斗动态定位结果精度统计　　　　　表4.8-3

监测位置	监测站	数据编号	精度(STD)		
			E(cm)	N(cm)	U(cm)
东人工岛	DD1	dd01	0.80	0.64	1.72
	DD2	dd02	0.66	0.58	1.84
	DD3	dd03	0.48	0.41	1.37
	DD4	dd04	0.67	0.55	1.81
	DD5	dd05	0.74	0.56	1.74
	DD6	dd06	0.77	0.64	1.76
	DD7	dd07	0.47	0.44	1.56
	DD8	dd08	0.69	0.50	1.97
	DD9	dd09	0.73	0.66	1.79

（2）静态解算结果

静态解算的时间间隔设置为4h（每隔4h解算出一个静态坐标），其中所采用的数据和卫星系统与动态解算案例完全相同。图4.8-4展示了东人工岛监测站在这连续7d里产生的静态结果与真坐标在E、N、U三方向的差值。

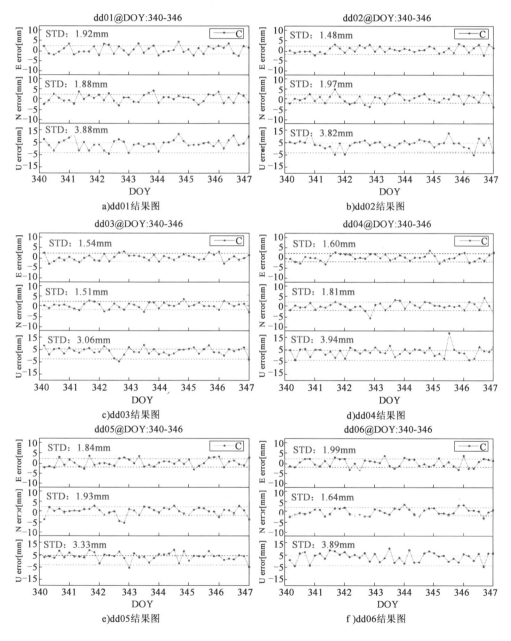

图　4.8-4

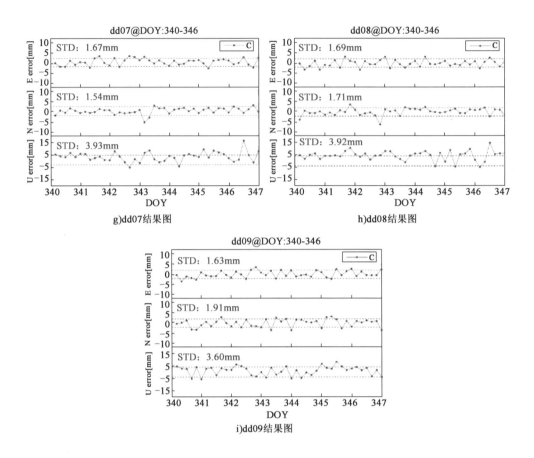

g)dd07结果图　　　　　　　　　h)dd08结果图

i)dd09结果图

图4.8-4　东人工岛单北斗静态定位结果

图4.8-4和表4.8-4详细展示了东人工岛9个监测站（DD1～DD9）通过PPP-RTK技术进行的E、N、U三方向的单北斗静态解算结果与精度,呈现了监测站在水平和垂直方向上的收敛精度。在静态水平方向（E、N）,所有监测站的解算精度均优于2mm,而在静态垂直方向（U）精度则优于4mm。相对于动态解而言,虽然花费时间较多,但精度提升一个量级。同时,北斗单解算精度水平与G＋E＋C三系统相当。

东人工岛连续7d单北斗静态定位结果精度统计　　　　　表4.8-4

监测位置	监测站	数据编号	精度（STD）		
			E（mm）	N（mm）	U（mm）
东人工岛	DD1	dd01	1.92	1.88	3.88
	DD2	dd02	1.48	1.97	3.82
	DD3	dd03	1.54	1.51	3.06

续上表

监测位置	监测站	数据编号	精度（STD）		
			E（mm）	N（mm）	U（mm）
东人工岛	DD4	dd04	1.60	1.81	3.94
	DD5	dd05	1.84	1.93	3.33
	DD6	dd06	1.99	1.64	3.89
	DD7	dd07	1.67	1.54	3.93
	DD8	dd08	1.69	1.71	3.92
	DD9	dd09	1.63	1.91	3.60

4.8.3　人工岛岛桥接合部单北斗监测

1）西人工岛岛桥接合部单北斗定位结果分析

西人工岛岛桥接合部单北斗高精度定位从动态和静态两种方式进行 PPP-RTK 解算，动态解算的时间间隔为 1s，静态解算的时间间隔为 4h。

（1）动态解算结果

数据分析取所有观测站 2023 年 12 月 7 日至 2023 年 12 月 13 日连续 7d 的观测数据，采用单北斗进行联合解算，解算间隔为 1s，得到各个监测站连续 7d 的动态解，并与真值对比，得到 E、N、U 三方向误差时间序列图，如图 4.8-5 所示。

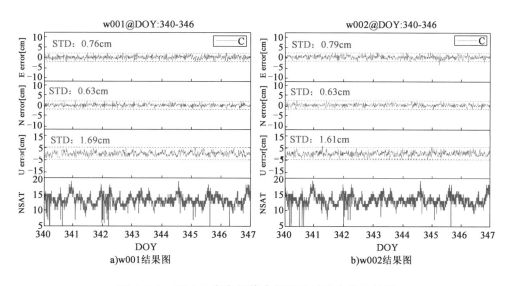

图 4.8-5　西人工岛岛桥接合部单北斗动态定位结果

图 4.8-5 和表 4.8-5 详细展示了西人工岛岛桥接合部 2 个监测站（W1、W2）通过 PPP-RTK 技术进行的 E、N、U 三方向的单北斗动态解算结果，不仅呈现了监测站在水平和垂直方向上的收敛精度，还提供了卫星数随时间变化的时间序列，卫星数都在 5 颗以上。在动态水平方向（E、N），所有监测站的解算精度均优于 1cm，而在动态垂直方向（U）精度则优于 3cm，彰显了单北斗在这段时间内卓越的解算表现。

西人工岛岛桥接合部连续 7d 单北斗动态定位结果精度统计　　　　表 4.8-5

监测位置	监测站	数据编号	精度（STD）		
			E（cm）	N（cm）	U（cm）
西人工岛岛桥接合部	W1	w001	0.76	0.63	1.69
	W2	w002	0.79	0.63	1.61

（2）静态解算结果

将解算模式设置为静态，并将解算间隔设置为 4h（每隔 4h 解算出一个静态坐标），其中所采用的数据和卫星系统与动态解算案例完全相同。图 4.8-6 展示了西人工岛岛桥接合部监测站在这连续 7d 里产生的静态结果与真坐标在 E、N、U 三方向的差值。

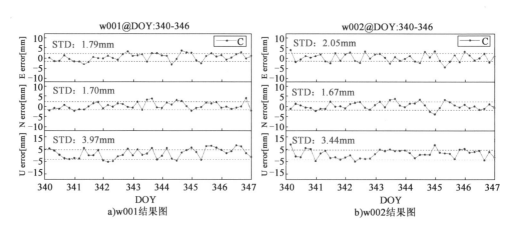

a）w001结果图　　　　　　　　　　b）w002结果图

图 4.8-6　西人工岛岛桥接合部单北斗静态定位结果

图 4.8-6 和表 4.8-6 详细展示了西人工岛岛桥接合部 2 个监测站（W1、W2）通过 PPP-RTK 技术进行的 E、N、U 三方向的单北斗静态解算结果，呈现了监测站在水平和垂直方向上的收敛精度。在静态水平方向（E、N），所有监测站的解算精度均优于 2mm，而在静态垂直方向（U）精度则优于 4mm。相对于动态解而

言,虽然花费时间较多,但精度提升一个量级,解算结果表现出足够的稳定性,没有出现明显的波动,能高效满足实际需求。同时,单北斗解算精度水平与 G + E + C三系统相当。

西人工岛岛桥接合部连续 7d 单北斗静态定位结果精度统计　　表 4.8-6

监测位置	监测站	数据编号	精度(STD)		
			E(mm)	N(mm)	U(mm)
西人工岛岛桥接合部	XD1	xd01	1.85	1.84	3.74
	XD2	xd02	1.99	1.30	3.73

2)东人工岛岛桥接合部单北斗定位结果分析

东人工岛岛桥接合部单北斗高精度定位从动态和静态两种方式进行 PPP-RTK 解算,动态解算的时间间隔为1s,静态解算的时间间隔为4h。

(1)动态解算结果

数据分析取所有监测站2023 年 12 月 7 日至 2023 年 12 月 13 日连续 7d 的观测数据,采用单北斗进行联合解算,解算间隔位 1s,得到各个监测站连续 7d 的动态解,并与真值对比,得到 E、N、U 三方向误差时间序列图,如图 4.8-7 所示。

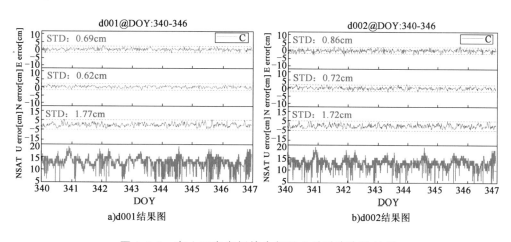

a)d001结果图　　　　　　　　　　　　b)d002结果图

图 4.8-7　东人工岛岛桥接合部单北斗动态定位结果

图 4.8-7 和表 4.8-7 详细展示了东人工岛岛桥接合部 2 个监测站(D1、D2)通过 PPP-RTK 技术进行的 E、N、U 三方向的单北斗动态解算结果,不仅呈现了监测站在水平和垂直方向上的收敛精度,还提供了卫星数随时间变化的时间序列,卫星数都在 5 颗以上。在动态水平方向(E、N),所有监测站的解算精度均优

于 1cm,而在动态垂直方向(U)精度则优于 3cm,彰显了单北斗在这段时间内卓越的解算表现。通过对卫星数时间序列的观察,可知监测系统在整个监测期间能获得相对稳定的卫星观测数据,为解算提供了可靠的基础。解算结果表现出足够的稳定性,没有出现明显的波动。动态垂直方向(U)上观察到的波动位移可能与当天的交通流量有关。

东人工岛岛桥接合部连续7d单北斗动态定位结果精度统计　　　　表 4.8-7

监测位置	监测站	数据编号	精度(STD)		
			E(cm)	N(cm)	U(cm)
东人工岛岛桥接合部	D1	d001	0.69	0.62	1.77
	D2	d002	0.86	0.72	1.72

(2)静态解算结果

静态解算的时间间隔设置为4h(每隔4h解算出一个静态坐标),其中所采用的数据和卫星系统与动态解算案例完全相同。图4.8-8展示了东人工岛岛桥接合部监测站在这连续 7d 里产生的静态结果与真坐标在 E、N、U 三方向的差值。

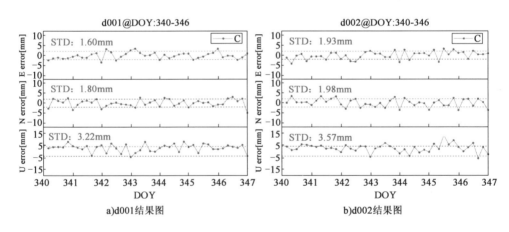

a)d001结果图　　　　　　　　　　　　b)d002结果图

图 4.8-8　东人工岛岛桥接合部单北斗静态定位结果

图 4.8-8 和表 4.8-8 详细展示了东人工岛岛桥接合部 2 个监测站(D1、D2)通过 PPP-RTK 技术进行的 E、N、U 三方向的单北斗静态解算结果,呈现了监测站在水平和垂直方向上的收敛精度。在静态水平方向(E、N),所有监测站的解算精度均优于2mm,而在静态垂直方向(U)精度则优于4mm。同时,单北斗解算精度水平与 G + E + C 三系统相当。

东人工岛岛桥接合部连续**7d**单北斗静态定位结果精度统计　　表4.8-8

监测位置	监测站	数据编号	精度（STD）		
			E（mm）	N（mm）	U（mm）
东人工岛岛桥接合部	D1	d001	1.60	1.80	3.22
	D2	d002	1.93	1.98	3.57

4.8.4　人工岛岛隧接合部单北斗监测

1）西人工岛岛隧接合部单北斗定位结果分析

西人工岛岛隧接合部但北斗高精度定位从动态和静态两种方式进行 PPP-RTK 解算，动态解算的时间间隔为 1s，静态解算的时间间隔为 4h。

（1）动态解算结果

数据分析取所有监测站 2023 年 12 月 7 日至 2023 年 12 月 13 日连续 7d 的观测数据，采用单北斗进行联合解算，解算间隔为 1s，得到各个监测站连续 7d 的动态解，并与真值对比，得到 E、N、U 三方向误差时间序列图，如图 4.8-9 所示。

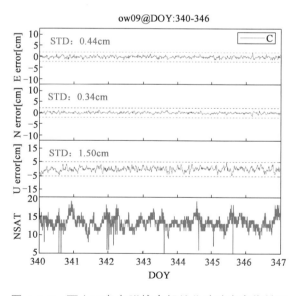

图 4.8-9　西人工岛岛隧接合部单北斗动态定位结果

图 4.8-9 详细展示了西人工岛岛隧接合部 OW9 监测站通过 PPP-RTK 技术进行的 E、N、U 三方向的单北斗动态解算结果，不仅呈现了监测站在水平和垂直方向上的收敛精度，还提供了卫星数随时间变化的时间序列，卫星数都在 5 颗以

上。在动态水平方向(E、N),所有监测站的解算精度均优于0.5cm,而在动态垂直方向(U)精度则优于1.5cm,彰显了监测系统在这段时间内卓越的解算表现,与G+E+C三系统解算精度水平相当。

(2)静态解算结果

静态解算的时间间隔设置为4h(每隔4h解算出一个静态坐标),其中所采用的数据和卫星系统与动态解算案例完全相同。图4.8-10展示了西人工岛岛隧接合部监测站在这连续7d里产生的静态结果与真坐标在E、N、U三方向的差值。

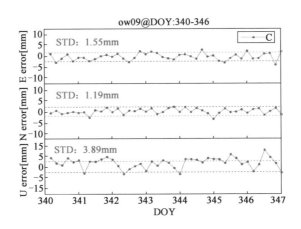

图4.8-10　西人工岛岛隧接合部单北斗静态定位结果

图4.8-10详细展示了西人工岛岛隧接合部OW9监测站通过PPP-RTK技术进行的E、N、U三方向的单北斗静态解算结果,呈现了监测站在水平和垂直方向上的收敛精度。在静态水平方向(E、N),所有监测站的解算精度均优于2mm,而在静态垂直方向(U)精度则优于4mm。相对于动态解而言,虽然花费时间较多,但精度提升一个量级,解算结果表现出足够的稳定性,没有出现明显的波动,能高效满足实际需求。单北斗解算精度水平与G+E+C三系统相当。

2)东人工岛岛隧接合部单北斗定位结果分析

东人工岛岛隧接合部单北斗高精度定位从动态和静态两种方式进行PPP-RTK解算,动态解算的时间间隔为1s,静态解算的时间间隔为4h。

(1)动态解算结果

数据分析取所有监测站2023年12月7日至2023年12月13日连续7d

的观测数据,采用单北斗进行联合解算,解算间隔为1s,得到各个监测站连续7d的动态解,并与真值对比,得到E、N、U三方向误差时间序列图,如图4.8-11所示。

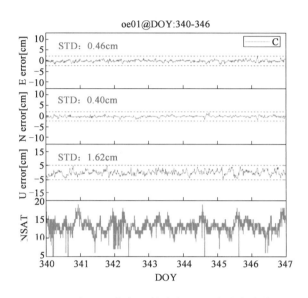

图4.8-11　东人工岛岛隧接合部单北斗动态定位结果

图4.8-11详细展示了东人工岛岛隧接合部OE1监测站通过PPP-RTK技术进行的E、N、U三方向的单北斗动态解算结果,不仅呈现了监测站在水平和垂直方向上的收敛精度,还提供了卫星数随时间变化的时间序列,卫星数都在5颗以上。在动态水平方向(E、N),所有监测站的解算精度均优于0.5cm,而在动态垂直方向(U)精度则优于2cm,彰显了监测系统在这段时间内卓越的解算表现,与G+E+C三系统解算精度水平相当。

(2)静态解算结果

静态解算的时间间隔设置为4h(每隔4h解算出一个静态坐标),其中所采用的数据和卫星系统与动态解算案例完全相同。图4.8-12展示了东人工岛岛隧接合部监测站在这连续7d里产生的静态结果与真坐标在E、N、U三方向的差值。

图4.8-12详细展示了东人工岛岛隧接合部OE1监测站通过PPP-RTK技术进行的E、N、U三方向的单北斗静态解算结果,呈现了监测站在水平和垂直方向上的收敛精度。在静态水平方向(E、N),所有监测站的解算精度均优于2mm,而在静态垂直方向(U)精度则优于4mm,与G+E+C三系统相当。

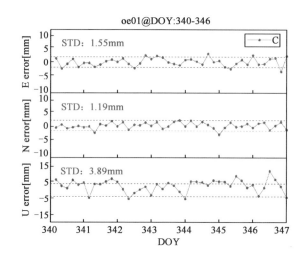

图 4.8-12　东人工岛岛隧接合部单北斗静态定位结果

4.8.5　结果分析

在港珠澳大桥的监测工作中,单北斗的应用展示了其出色的监测能力和数据可靠性。通过对人工岛、岛桥接合部和岛隧接合部的细致监测,获得了丰富的位移和变形数据,有助于深入了解结构体的动态行为及其运行状态。

对人工岛的监测,数据表明其在各种环境条件下的表现良好。监测结果显示,人工岛的最大水平位移约为5mm,垂直位移约为3mm,表明在不同气象条件和交通负荷下,其结构的稳定性依然得到保障。这一结果为工程的长期安全提供了重要的支持,确保在极端天气或高负荷运行条件下,人工岛不会出现安全隐患。

在岛桥接合部的监测中,数据揭示了不同载荷下岛桥接合部的动态反应。监测结果显示,岛桥接合部在高峰交通流量时,最大水平位移为7mm,垂直位移为4mm。这一结果反映了交通流对结构变形的直接影响,强调了实时监测在预测和管理桥梁健康状态中的重要性。通过这种方式,能及时识别潜在的结构问题,提前制定维护计划。

对于岛隧接合部,监测结果表明,岛隧接合部的最大水平位移约为6mm,垂直位移接近5mm。这些数据反映了温度变化和地下水波动对该结构的影响。这一监测不仅有助于了解当前的结构状态,也为将来的研究提供了基础数据。单北斗的定位精度在这一过程中表现优异,水平定位精度可达2mm,垂直精度控制在4mm以内。

单北斗高精度的监测技术充分满足了港珠澳大桥工程监测的严格要求,确保了数据的可靠性,为工程安全评估和结构性能分析提供了科学依据。此外,这种监测手段能及时发现潜在的结构问题,并为后续的维护和检修提供数据支持,确保工程的安全稳定运行。

整体而言,单北斗监测技术在港珠澳大桥的应用为我们提供了高效且准确的监测解决方案,有力保障了桥梁的长期安全性和稳定性。未来,可以进一步探索将单北斗监测技术与其他监测手段相结合的可能性,以提高监测的精度和效率,为更多基础设施的安全运营提供保障。

4.9 本章小结

基于2023年11月至2023年12月6日,以及2024年5月的北斗观测数据、位移计和压力变送器等多源观测数据,对港珠澳大桥九洲桥、江海桥、青州桥及人工岛的变形情况进行了详细地分析。通过对这些数据的对比和分析,得出如下应用结论:

1)桥面变形监测结果

在桥面变形的监测中,北斗在顺桥方向和垂桥方向的监测精度均优于5mm,展现出了高精度和高可靠性的优势。三座桥桥面边跨的监测结果显示,顺桥方向存在明显的周期性伸缩现象,其中青州桥最大伸缩量达50mm,江海桥和九洲桥分别为20mm和10mm。横桥和垂桥方向变形较小,未出现明显的主梁扭转变形和垂向升降变形,说明大桥结构在承受交通荷载和自然环境影响时,保持了良好的稳定性。

对于桥面主跨的监测,横桥方向变形较小,顺桥和垂桥方向变形较大。特别是青州桥顺桥方向位移变化范围在25mm和-25mm之间,显示出较大的伸缩变化。江海桥和九洲桥虽然变化范围较小,但同样呈现出顺桥方向同步伸缩的规律。这些数据进一步验证了北斗在桥梁变形监测中的准确性和有效性。

2）桥塔变形监测结果

在桥塔变形的监测中,北斗同样表现出了优异的性能。青州桥香港侧塔顶位移明显小于珠海侧,而珠海侧塔顶在顺桥方向具有同步前后摆动的规律,摆动范围约为±50mm,垂桥方向同步升降幅度约为10mm。江海桥和九洲桥在横桥方向变形最大,其中江海桥香港侧主塔、中塔和九洲桥双塔摆幅最大达100mm,显示出明显的横向同步摆动。在顺桥方向,各个桥塔也显示出明显的周期性变形,波动范围在10~20mm。

这些监测数据不仅揭示了桥塔在不同方向上的变形规律和特点,也为桥梁的安全评估和维护提供了重要依据。通过对比分析,可以发现北斗在桥塔变形监测中同样具有高精度和高可靠性的优势。

3）人工岛位移变形监测结果

在人工岛位移变形监测中,北斗同样表现优异。通过分析7d的东、西人工岛 G+E+C 三系统组合及单北斗监测数据,显示在动态监测中,水平方向(E、N)的解算精度优于0.5cm,垂直方向(U)的精度优于2cm,均满足设计指标要求的水平1cm、垂直3cm。在静态监测中,水平方向(E、N)的解算精度优于2mm,垂直方向(U)的精度优于4mm,符合水平2mm、垂直4mm的静态定位精度要求。这些结果进一步验证了北斗在人工岛位移变形监测中的有效性和可靠性。

4）北斗与惯导融合的桥梁挠度监测结果

在对九洲桥、江海桥和青州桥的桥梁挠度进行监测时,北斗与惯导的融合显著提高了监测数据的精度。融合后的监测结果表明,九洲桥的最大垂向挠度约为10mm,江海桥约为20mm,青州桥约为30mm。与单独使用北斗或惯导相比,融合技术有效减少了监测误差,提高了数据的可靠性和准确性。这种融合技术在高频动态变形监测中尤为有效,为桥梁的安全评估和维护提供了更加可靠的依据,也验证了其在复杂监测环境中的优势。

发展趋势与展望

5.1 主要工作及最终监测精度

本书旨在探讨 5G + 北斗技术在智能运维领域的应用,尤其关注其在港珠澳大桥监测中的关键技术和实际应用案例。作为一项宏伟的跨海通道工程,港珠澳大桥巨大的结构和复杂的地理环境对监测技术提出了巨大的挑战。本书前 4 章深入介绍了北斗高精度定位技术、5G、惯导技术、InSAR 技术等核心技术的发展历程、系统组成与原理,以及在桥梁监测中的应用现状。根据位移计和压力变送器数据验证结果,北斗监测系统在桥梁监测中有一定的准确性和可靠性。从桥面变形情况和桥塔变形情况来看,北斗监测系统成功地捕捉到了结构体的细微变化,尤其是周期性伸缩和摆动等现象。对于跨中左右幅对称性的分析显示,主跨左、右幅的变形具有高度一致性,进一步验证了北斗监测系统的稳定性和可信度。综合各项监测数据,桥梁结构整体稳定,未发现明显异常情况,为工程的安全运行提供了重要的技术支持。最终监测精度如下:

根据采用的监测手段及对比试验结果,北斗卫星导航系统在桥梁结构监测中的精度表现为:北斗在顺桥和垂桥方向上的监测精度均优于 5mm,在静态监测模式下,其水平定位精度可达 2mm,垂直定位精度可达 4mm。这一精度已能基本满足桥梁健康监测中对静态位移和结构变形监测的精度要求。

在动态监测中,北斗表现出良好的跟踪性能,其水平定位精度达到 1cm,垂直定位精度达到 3cm。能有效捕捉桥梁在运行状态下的实时变形和位移变化,为桥梁的荷载响应分析提供数据支持,确保结构监测的灵敏性与及时性。

同时,通过将北斗高精度定位技术与惯导技术相结合,监测精度可以进一步提升到亚厘米级别。这种融合技术在高动态、短时定位精度需求场景下尤为适用,如大型桥梁的短时振动监测或临时荷载作用下的结构响应分析等。惯导系统可以弥补 GNSS 信号受遮挡或失效时的定位中断问题,确保在 GNSS 不可用或信号不稳定时仍能提供连续、高精度的监测数据。具体而言,北斗 + 惯导融合技术可在桥梁主跨区域提供精度优于 5mm 的监测效果,在其他桥梁关键节点如桥塔、索塔区域的变形监测精度则有望达到 2mm 以内。

然而,尽管北斗＋惯导融合技术在一定条件下可以提高监测精度,但在实际应用中仍存在一些技术和操作上的限制。首先,惯导系统的精度随着时间的推移会出现累积误差,尤其是在长时间监测任务中,惯导的漂移误差将影响定位的整体精度。虽然短时监测时北斗＋惯导技术能维持亚厘米级精度,但在长期监测中,尤其是超过数小时或数天的连续观测,惯导系统的精度可能逐渐下降。此外,由于惯导系统的成本较高且功耗较大,其在桥梁长期监测中的应用受到一定的限制,尤其是在桥梁跨度较大或观测点较为分散的情况下,惯导与北斗的融合监测模式将面临较大的技术挑战,如基线长度对定位精度的影响、多路径效应及信号遮挡的严重性等问题,都需要进一步优化解决。

北斗＋惯导融合技术在短期、动态监测中表现出极高的适用性,尤其适用于桥梁的应力响应、震动监测等场景;而在长期监测中,需要结合多基站 GNSS 布局、信号增强技术(如基于电离层和对流层的误差修正技术),以维持精度的稳定性。在大跨度桥梁或复杂环境下的监测应用中,还需综合考虑惯导误差修正和 GNSS 信号优化技术,以确保持续的高精度监测能力。

港珠澳大桥 5G＋北斗监测技术的研究和应用为大型跨海通道工程的智能运维提供了全新的思路和解决方案。然而,随着科技的不断发展,未来仍然存在一些挑战和机遇。在此,本书对港珠澳大桥 5G＋北斗监测技术的未来发展趋势进行展望。首先,随着北斗和 5G 的不断升级,监测精度和实时性水平将进一步提高。新一代北斗和 5G 网络的推出,将为大型工程监测提供更高的精度和更快的数据传输速度,使对结构体变化的监测更加精准和实时。其次,人工智能和大数据技术的融合将成为未来监测技术发展的重要方向。通过引入深度学习和大数据分析等技术,可以更好地处理监测数据,挖掘潜在的结构体变化规律,并提供更智能化的运维决策支持。此外,跨海通道工程在全球范围内的应用将不断扩大,对监测技术的国际标准和规范提出了更高的要求。在国际合作的框架下,各国可以共享经验、协同研究,推动 5G＋北斗监测技术的全球应用和推广。未来的研究和应用需要在技术创新的同时,注重相关法律法规和伦理标准的制定,以保障监测系统的可持续发展。港珠澳大桥 5G＋

北斗监测技术的研究和应用为大型跨海通道工程的智能运维提供了参考。随着技术的不断发展和创新,相信在未来可以看到这一技术广泛应用于更多领域,为全球跨海通道工程的可持续发展做出更大的贡献。

在港珠澳大桥5G+北斗监测应用案例的研究中,本书探索的技术与方法呈现出显著的实用性和前瞻性,同时也为未来相关领域的研究与发展提供了有益的启示。随着我国北斗和5G的快速发展,两者在桥梁监测等领域的融合应用将成为未来的重要趋势。北斗的高精度定位与5G网络的高速数据传输结合,可实现桥梁监测数据的实时传输、分析和处理,提高桥梁安全监测的实时性和准确性。此外,5G网络还可为北斗提供更多数据源和应用场景,进一步拓宽其在桥梁监测等领域的应用。与此同时,北斗与InSAR技术的融合应用将在结构监测领域发挥更大的作用。将北斗的高精度定位与InSAR技术结合,可实现对结构的高精度变形和健康状况监测。此外,两者融合应用还可提高监测数据的精度和稳定性,为桥梁安全运营提供更加可靠的保障。

5.2 跨海通道监测技术发展新趋势

伴随着我国跨海通道建设的快速发展,其监测技术也将迎来新的发展趋势。一方面,跨海通道监测技术将更加注重实时性和准确性,以适应跨海通道安全运营的高标准要求。另一方面,跨海通道监测技术将更加注重智能化和自动化,通过引入人工智能、大数据等技术手段,实现对跨海通道监测数据的智能分析与预警。未来,跨海通道监测技术将在更多领域得到应用。例如,在城市基础设施监测、交通设施监测、地质灾害监测等领域,北斗和5G的融合应用将发挥重要作用。北斗高精度监测技术在大桥、特大桥监测领域的应用展现极大的优势,为大型跨海通道工程提供了全面、可靠的监测解决方案,为跨海通道结构的长期安全运行和维护提供了有力保障。首先,北斗高精度监测技术在大桥桥面结构体监测方面发挥了关键作用。通过实时的卫星定位和位移监测,可以对跨海通道变形进行精准测量。这在工程管理中具有重要意义,因为它不仅能够及时发现潜在的结构问题,也有助于预测结构变形趋势,使得工程管理者能够采取及时有效的维护措施。通过在大桥上布设北斗接收设备,可以实现对跨海通道各个节点的高频率监测,为工程管理者提供实时的结构健康状况。其次,在桥塔结构体监测方面,北斗的应用不再局限于定位,还包括了对桥塔的倾斜、振动等动态参数的监测。通过北斗与其他监测技术的协同作用,工程管理者能够获得更为全面的结构信息,确保桥塔的稳定性和安全性。特别是对于大桥高塔结构,塔身的维护和监测是一项重要而复杂的任务,北斗高精度监测技术为解决这一问题提供了可行性。在人工岛结构体监测中,北斗与其他监测手段的融合发挥了重要作用。北斗定位技术提供人工岛的精确定位,而与惯导、InSAR 等技术的融合则实现了对人工岛三维变形的精准监测。这种多技术融合的综合监测方案为人工岛结构的长期稳定性评估提供了可靠的数据支持。特别是在外海人工岛建设中,其结构稳定性和安全性一直是工程管理者关注的焦点,北斗的综合应用为这一挑战提供了解决途径。在岛桥接合部和岛隧接合部监测方面,北斗的应用主要体现在多基站、多基线的监测方案中。通过建立多个北斗卫星接收站点,可以实现对岛桥接合部和岛隧接合部的长基线高精度监测。这种方案不仅可以有效降低监测误差,还能够满足特大桥结构的高要求,为工程管理者提供更为可信的监测结果。特别是在岛桥和岛隧接合部,由于其独特的结构特点,传统监测手段可能难以满足对位移、变形等参数的精准需求,而北斗技术的高精度监测能覆盖这一特殊部位。

5.3 北斗高精度监测技术应用场景推广

北斗高精度监测技术的优势在于其全球卫星定位系统的全天候、全球覆盖特点。这确保了监测数据的实时性和连续性,为工程管理者提供了全方位的监测支持。此外,北斗在我国国内建有多颗卫星,相较于其他卫星系统,其定位精度更高,尤其在城市峡谷等复杂地形条件下,其表现更为出色。其成本相对较低,维护相对简便,为大桥监测系统的长期运行提供了经济可行性。在实现智能运维方面,北斗与 5G 的结合为监测数据的实时传输和远程管理提供了便捷手段。此外,北斗高精度监测技术为大桥的安全评估和维护决策提供了可靠的数据支持,可帮助实现对跨海通道结构健康状况的全方位掌握。在大桥运维中,及时准确的数据获取对于决策者是不可或缺的,而北斗高精度监测技术为其提供了这一基础。

北斗与5G的应用不仅适用于跨海通道监测领域,还具有广泛的推广应用前景。特别是在以下条件场景中,这些技术将发挥更大的作用:

(1)复杂地形和恶劣环境:在山区、沿海和高海拔等复杂地形条件下,传统监测手段可能存在局限性。而北斗和5G的结合应用,可以实现对工程结构的高精度、远程、实时监测,为工程安全管理提供更为可靠的技术支持。

(2)长距离监测需求:对于跨越较长距离的工程结构,如跨海大桥、高铁线路等,传统的监测手段可能存在监测点稀疏、数据传输困难等问题。而北斗和5G的应用可以实现对长距离范围内的工程结构进行全方位、实时监测,提高监测的覆盖范围和效率。

(3)工程结构运营管理:除了在工程建设阶段的监测应用外,北斗与5G还可以应用于工程结构的运营管理。通过对工程结构的长期监测与数据分析,可以及时发现潜在问题并采取预防措施,保障工程结构的安全稳定运行。

综合而言,北斗高精度监测技术在大桥、特大桥监测中的应用不仅在满足静态参数监测需求方面表现出色,更在动态参数监测、全方位结构健康监测等方面取得了显著成果。北斗有着全球卫星定位系统的特点,与其他监测技术的融合应用,以及与5G的协同发展,使其在大桥、特大桥监测领域具备了独特的优势,为大型跨海通道工程的安全运行和可持续发展提供了强有力的支持。北斗高精度监测技术的持续创新与应用拓展将进一步推动跨海通道监测领域的发展,为未来智能交通、智慧城市建设等领域提供更为精准、高效的技术支撑。

此外,随着我国"一带一路"倡议的实施,北斗和5G在国际跨海通道监测等领域的应用也将得到拓展。以下是对未来发展趋势的一些展望:

(1)智能化与自主化监测系统。

未来的跨海通道监测系统将更加智能化,通过人工智能算法对监测数据进行实时分析和处理。这将提高监测系统的自主性和实时性,使其能够更快速地响应异常情况,并采取相应的措施,从而确保跨海通道结构的长期稳定性。

随着传感技术、云计算和大数据分析的不断发展,智能监测系统将能够更准确地预测结构健康状况,甚至能够进行自主决策,提高跨海通道监测的效率和可靠性。

(2)跨领域融合应用。

未来的趋势将更加注重跨海通道的跨领域融合应用。5G＋北斗监测技术将与其他新兴技术,如物联网、大数据分析等深度融合,形成更为综合的跨海通道健康管理方案,为跨海通道的设计、建设、运营提供全生命周期的支持。同时,跨海通道监测技术的发展还将推动跨学科研究与技术创新。例如,在地球物理学、材料科学、计算机科学等领域的交叉研究,将为跨海通道监测技术提供更多创新思路和解决方案。

(3)精准化维护与管理。

未来的趋势将更加注重跨海通道的精准化维护与管理。通过对监测数据的深入分析,可以制定更为精准、个性化的维护计划,延长跨海通道的使用寿命,减少维护成本,提高运营效率。随着人工智能和大数据技术的发展,将能够实现对跨海通道结构的预测性维护,提前识别潜在问题,并采取相应的修复措施。这种精准化维护将使跨海通道的管理更加高效、经济。

(4)安全与隐私保护。

随着监测技术的不断发展,安全与隐私保护将成为一个重要的议题。未来的研究应重点关注监测系统的安全性,保护监测数据的隐私,确保监测系统的正常运行,防范潜在的威胁和风险。加强数据加密、访问权限管理等安全措施,确保监测数据不被恶意攻击或滥用。同时,关注监测系统对个人隐私的影响,制定相关法规和伦理规范,保障公众权益。

(5)国际合作与标准化。

在跨海通道监测领域,国际合作与标准化将变得更加重要。未来的发展应积极参与国际技术交流与合作,推动相关标准的制定,促进监测技术的国际化应用,为全球跨海通道工程的可持续发展贡献力量。制定全球统一的监测标准,促进技术的互通与合作,有助于形成更加开放、共享的跨海通道监测技术体系。通过国际合作,还可以共同面对全球性的跨海通道工程挑战,共同推动监测技术的创新与发展。

通过对以上方面的深入研究,可以相信北斗和5G将在跨海通道监测领域取得更为显著的成果,为国内外跨海通道工程的安全与可持续发展提供更为可靠的技术支持。这一系列发展趋势将为未来的跨海通道监测技术带来更广阔的发展空间,推动跨海通道工程走向智能、可持续的未来。

参 考 文 献

[1] 中华人民共和国国务院新闻办公室.《中国北斗卫星导航系统》白皮书[R/OL].(2016-06-16)[2024-10-10]. http://www.xinhuanet.com/politics/2016-06/16/c_129067595.htm.

[2] 苏熹."863"计划制定与实施的历程及经验启示[J].观察与思考,2023(10):55-67.

[3] 杨子辉,薛彬.北斗卫星导航系统的发展历程及其发展趋势[J].导航定位学报,2022,10(1):1-14.

[4] 袁冰清,蔡芸云,王英翔.浅析北斗卫星导航系统[J].中国无线电,2022(2):46-47.

[5]《卫星应用》编辑部.2022年中国卫星应用若干重大进展[J].卫星应用,2023(1):8-14.

[6] 杨长风,杨军,杨君琳,等.北斗卫星导航系统规模应用国际化发展战略研究[J].中国工程科学,2023,25(2):1-12.

[7] 金耀,周又眉,张贺,等.5G+北斗融合定位技术研究及应用进展[J].全球定位系统,2023,48(4):12-18.

[8] 王锦涛,皇甫一鸣,李哲舟,等.基于UWB测距技术的室内定位研究[J].通信电源技术,2018,35(5):50-53,56.

[9] 王映民,孙韶辉,等.5G移动通信系统设计与标准详解[M].北京:人民邮电出版社,2020.

[10] 李越鳌,刘诗蔚,陈家心,等.基于5G无线通信系统关键技术的分析[J].日用电器,2023(1):47-51.

[11] 徐钽,王龙林,庞春俊,等.5G专网在桥梁健康监测系统中的应用研究[J].中国新通信,2022,24(22):75-77.

[12] 张勇敢,章伟飞,张森洪.1~6G移动通信系统发展综述[J].信息与电脑(理论版),2020,32(17):157-160.

[13] 亓宝龙.北斗导航定位系统在桥梁监测中的应用[J].建设科技,2016(6):

39-41.

[14] 张宇.基于北斗/GPS 高精度位移监测技术在桥梁监测中的应用[J].居舍,2018(25).

[15] 杨双泽.分布式桥梁沉降高精度监测系统设计[D].太原:中北大学,2021.

[16] 赵立都.基于北斗与 LiDAR 的桥梁结构形变监测理论与方法[D].重庆:重庆交通大学,2023.

[17] 何秀凤,高壮,肖儒雅,等.InSAR 与北斗/GNSS 综合方法监测地表形变研究现状与展望[J].测绘学报,2022,51(7):1338-1355.

[18] 景强,郑顺潮,梁鹏,等.港珠澳大桥智能化运维技术与工程实践[J].中国公路学报,2023,36(6):143-156.

[19] 刘立,李长安,高俊华,等.基于北斗与 InSAR 的地质灾害监测关键问题探讨[J].地质科技情报,2019,38(6):141-149.

[20] 杨志坤,李雪,陈曦,等.基于"北斗＋多源遥感"的地质灾害监测预警体系研究[J].科技创新与应用,2023,13(30):1-5.

[21] 李岩汀,刘清君,闫禹,等.港珠澳大桥西人工岛桥结合段波浪演变数值模拟[J].海洋工程,2022,40(4):18-25.

[22] LI B,HOU J,MIN K,et al. Analyzing immediate settlement of Hong Kong-Zhuhai-Macao Bridge immersed tunnel based on monitoring data[J]. Ships and Offshore Structures,2021, 16(sup2):100-109.

[23] CHEN J,JIANG X,YAN Y,et al. Dynamic warning method for structural health monitoring data based on arima: Case study of Hong Kong-Zhuhai-Macao Bridge immersed tunnel[J]. Sensors,2022,22(16):6185.

[24] ZHU Y,LIN M,MENG F,et al. The Hong Kong-Zhuhai-Macao Bridge[J]. Engineering, 2015, 5(1):5.

[25] XI R,JIANG W,MENG X,et al. Bridge monitoring using BDS-RTK and GPS-RTK techniques[J]. Measurement,2018,120:128-139.

[26] 熊春宝,田力耘,叶作安,等.GNSS RTK 技术下超高层结构的动态变形监测[J].测绘通报,2015,460(7):14-17.

[27] 熊春宝,何浩博,牛彦波,等. 基于 GNSS-RTK 的在建超高层风载动态变形监测[J].测绘工程,2017,26(5):34-39.

[28] 姜卫平,刘经南,叶世榕. GPS 形变监测网基线处理中系统误差的分析 [J].武汉大学学报(信息科学版),2001(3):196-199.

[29] 施闯,赵齐乐,李敏,等.北斗卫星导航系统的精密定轨与定位研究[J].中国科学:地球科学,2012,42(6):854-861.

[30] PSYCHAS D,VERHAGEN S. Real-Time PPP-RTK performance analysis using ionospheric corrections from multi-scale network configurations[J]. Sensors, 2020,20:3012.

[31] 张小红,胡家欢,任晓东. PPP/PPP-RTK 新进展与北斗/GNSS-PPP 定位性能比较[J].测绘学报,2020,49(9):1084-1100.

[32] WILGAN K,HADAS T,HORDYNIEC P,et al. Real-time precise point positioning augmented with high-resolution numerical weather prediction model. GPS solutions,2017, 21:1341-1353.

[33] 胡鹏. 基于多模 PPP 技术的地基 GNSS 水汽反演研究[D].西安:长安大学,2019.

[34] 夏朋飞. 联合空基和地基 GNSS 观测反演大气水汽方法研究[D].武汉:武汉大学,2018.

[35] 许扬胤,杨元喜,曾安敏,等.北斗三号全球系统空间信号精度评估分析 [J].大地测量与地球动力学,2020,40(10):1000-1006.

[36] 高志钰,李建章,刘彦军,等.利用 BDS 数据反演大气可降水量及其精度分析[J].测绘通报,2019(5):35-38,47.

[37] 杨珍,孙鹏超,谢青,等.高分三号卫星影像制作 DEM 的试验[J].测绘科学,2020,45(3):53-60.

[38] BERARDINO P ,FORNARO G,LANARI R,et al. A new algorithm for surface deformation monitoring based on small baseline differential SAR interferograms [J]. IEEE Transactions on Geo-science & Remote Sensing,2002,40(11): 2375-2383.

[39] 朱建军,杨泽发,李志伟. InSAR 矿区地表三维形变监测与预计研究进展 [J].测绘学报,2019,48(2):135-144.

[40] BAMLER R,HARTL P. Synthetic aperture radar inter-ferometry[J]. Inverse Problems,1998,14(4):R1-R54.

[41] MASSONNET D, ROSS1 M. ARMoe mapped by ra-displacement field of the landers eart1qo[J]. Nature,1993,364(6433):138-142.

[42] FERRETTI A, PRATI C, ROCCA F. Nonlinear subsidence rate estimation using permanent scatterers in differential SAR interferometry [J]. IEEE Transactions on Geo-science and Remote Sensing,2000,38(5):2202-2212.

[43] 贺瑞.大跨桥结构监测系统的模态识别和误差分析及损伤识别[D].北京:清华大学,2009.

[44] 丁华平.基于健康监测系统的多塔连跨特大型悬索桥结构动态特征研究——以泰州大桥为例[D].南京:南京大学,2019.

[45] 郑元勋,郭慧吉,谢宁.基于统计分析的桥梁坍塌事故原因剖析及预防措施研究[J].中外公路,2017,37(6):9.

[46] MSAEWE H A, PSIMOULIS P A, HANCOCK C M, et al. Monitoring the response of severn suspension bridge in the United Kingdom using multi-GNSS measurements[J]. Structural Control and Health Monitoring,2021.

[47] KO J M, NI Y Q. Technology developments in structural health monitoring of large-scale bridges[J]. Engineering Structures, 2005, 27(12):1715-1725.

[48] XIONG C, LU H, ZHU J. Operational modal analysis of bridge structures with data from GNSS/accelerometer measurements [J]. Sensors,2017,17(3):436.

[49] 李洪顺. 桥梁健康监测现状与未来发展探讨[J].中国科技期刊数据库:科研,2017,12:267.

[50] 中华人民共和国香港特别行政区政府路政署. 港珠澳大桥主桥[Z/OL].(2021-8-11)[2024-10-10]. https://www.hyd.gov.hk/sc/our_projects/road_projects/hzmb_projects/6835th/index.html.

[51] 王戒躁,钟继卫,王波. 大跨桥梁健康监测系统设计构成及其进展[J]. 桥梁建设,2009:7-12.

[52] 顾云杰.大跨连续刚构桥结构监测参数分析与评估方法研究[D]. 重庆:重庆交通大学, 2022.

[53] 聂功武,孙利民. 桥梁养护巡检与健康监测系统信息的融合[J]. 上海交通大学学报, 2011,45(S1):6.

［54］ GAO R，LIU Z，ODOLINSKI R，et al. Hong Kong-Zhuhai-Macao Bridge deformation monitoring using PPP-RTK with multipath correction method［J］. GPS Solutions，2023，27（4）.

［55］ 赵一恒，王利东，柳宇刚，等.基于遥感数据与 PS-InSAR 的城市桥梁形变量的监测研究［J］.建设科技，2016，000（004）:55-58.

［56］ 黄兵，马燕，艾从沛，等. 耐候钢桥耐腐蚀性能与腐蚀疲劳性能研究进展［J］.世界桥梁，2023，51（1）:85-93.

［57］ 熊春宝，王猛，于丽娜. 桥梁 GNSS-RTK 变形监测数据的多滤波联合去噪处理［J］.测绘通报，2020（7）:93-96，142.

［58］ 梁鹏，王杨，贺敏，等. 基于实测加速度的悬索桥涡振全过程模态参数演变［J］.中国公路学报，2023，36（7）:125-137.

［59］ 程楠.面向桥梁长期健康监测的重车荷载及损伤识别方法研究［D］. 广州:华南理工大学，2018.

［60］ 阎彤野，金虎. 大跨度桥梁风振响应问题的研究［J］. 市政技术，2006，24（6）:372-374.

［61］ 王馨. 多塔斜拉桥超高墩塔日照温差效应影响研究 ［D］. 重庆:重庆交通大学，2020.

［62］ BOGUSZ J，FIGURSKI M，NYKIEL G，et al. GNSS-based multi-sensor system for structural monitoring applications［J］. Journal of Applied Geodesy，2012，6（1）:55-64.

［63］ STIROS S C. GNSS（GPS）monitoring of dynamic deflections of bridges:structural constraints and metrological limitations ［J］. Infrastructures，2021，6.

［64］ XI R，HE Q，MENG X. Bridge monitoring using multi-GNSS observations with high cutoff elevations:A case study［J］. Measurement，2021，168.

［65］ LAM N，WILSON J，HUTCHINSON G. Generation of synthetic earthquake accelerograms using seismological modelling:A review ［J］. Journal of Earthquake Engineering，2012，4（3）:321-354.

［66］ 王巍. 惯性技术研究现状及发展趋势［J］. 自动化学报，2013，39（6）:723-729.

［67］ 张炎华，王立端，战兴群，等.惯性导航技术的新进展及发展趋势［J］. 中国

造船,2008,49(S1):134-144.

[68] 郎琳. 石英挠性加速度计温度误差补偿技术[D]. 长沙:国防科学技术大学,2011.

[69] 卞玉民,胡英杰,李博,等. MEMS惯性传感器现状与发展趋势[J]. 计测技术,2019,39(4):50-56.

[70] 李荣冰,刘建业,曾庆化,等. 基于MEMS技术的微型惯性导航系统的发展现状[J]. 中国惯性技术学报,2004(6):90-96.

[71] 张春京,原俊安,李丹东,等. 从加速度计测试技术研究看惯性仪表测试技术发展趋势[J]. 航天控制,2005.

[72] 梁阁亭,惠俊军,李玉平. 陀螺仪的发展及应用[J]. 飞航导弹,2006(4):38-40.

[73] 王淑华. MEMS传感器现状及应用[J]. 微纳电子技术,2011,48(8):516-522.

[74] 周徐昌,沈建森. 惯性导航技术的发展及其应用[J]. 兵工自动化,2006(9):55-56,59.

[75] 于先文,薛红琳. 基于GPS/加速度计组合的桥梁振动监测方法[J]. 东南大学学报(自然科学版),2013,43(S2):329-333.

[76] 刘振文. 基于GNSS和加速度计的桥梁动态变形监测与分析[D]. 徐州:中国矿业大学,2023.

[77] 缪长青,韩惠婷,李爱群,等. 江阴大桥原结构安全监测系统设计分析[J]. 公路交通科技.2007,24(11):81-86,91.

[78] 秦长彪. 基于GPS与加速度计的桥梁结构振动频率研究[D]. 徐州:中国矿业大学,2017.

[79] 吴云,刘万科. 最优估计基础[M]. 武汉:武汉大学出版社,2021.

[80] WANG M,WANG J,DONG D,et al. Comparison of three methods for estimating GPS multi-path repeat time[J]. Remote Sensing,2018,10(2).

[81] 余小龙,胡学奎. GPS-RTK技术的优缺点及发展前景[J]. 测绘通报,2007,367(10):39-41.

[82] 周乐韬,黄丁发,袁林果,等. 网络RTK参考站间模糊度动态解算的卡尔曼滤波算法研究[J]. 测绘学报,2007(1):37-42.

［83］ 姚宜斌,胡明贤,许超钤. 基于 DREAMNET 的 GPS/BDS/GLONASS 多系统网络 RTK 定位性能分析[J]. 测绘学报,2016,45(9):1009-1018.

［84］ GENG J,MENG X,DODSON A H,et al. Integer ambiguity resolution in precise point positioning:method comparison[J]. Journal of Geodesy,2010,84:569-581.

［85］ TEUNISSEN P,KHODABANDEH A. Review and principles of PPP-RTK methods[J]. Journal of Geodesy,2015,89:217-240.

［86］ DULLAART J C M,MUIS S,BLOEMENDAAL N,et al. Advancing global storm surge modelling using the new ERA5 climate reanalysis[J]. Climate Dynamics,2020,54(1-2):1007-1021.

［87］ HOBIGER T,SHIMADA S,SHIMIZU S,et al. Improving GPS positioning estimates during extreme weather situations by the help of fine-mesh numerical weather models[J]. Journal of Atmospheric and Solar-Terrestrial Physics,2010,72(2-3):262-270.

［88］ IBRAHIM H E,EL-RABBANY A. Performance analysis of NOAA tropospheric signal delay model[J]. Measurement Science and Technology,2010,22(11):115107.

［89］ POWERS J G,KLEMP J B,SKAMAROCK W C,et al. The weather research and forecasting model overview,system efforts,and future directions[J]. Bulletin of the American Meteorological Society,2017,98(8):1717-1737.

［90］ GONG Y,LIU Z,CHAN P W,et al. Augmenting GNSS PPP Accuracy in South China Using Water Vapor Correction Data from WRF Assimilation Results[C]//China Satellite Navigation Conference(CSNC 2021)Proceedings.[S. I.:s. n.],2021:653-670.

［91］ SCHWAHN W,SOHNE W. Modified sidereal filtering-tool for the analysis of high-rate GPS coordinate time series[J]. Geodetic Reference Frames,2009,134:219-224.

［92］ ATKINS C,ZIEBART M K. Performance of GPS sidereal filters during a satellite outage[J]. Journal of Geodetic Science,2017,7(1):141-150.

［93］ DONG D,WANG M,CHEN W,et al. Mitigation of multi-path effect in GNSS short baseline positioning by the multi-path hemispherical map［J］. Journal of Geodesy,2015, 90(3):255-262.

［94］ FOLLESTAD A F,CLAUSEN L B N,MOEN J I, et al. Latitudinal,diurnal and seasonal variations in the accuracy of an RTK positioning system and its relationship with ionospheric irregularities［J］. Space Weather:The International Journal of Research and Applications,2021,19(6).

［95］ GE M,GENDT G,ROTHACHER M,et al. Resolution of GPS carrier-phase ambiguities in Precise Point Positioning (PPP) with daily observations［J］. Journal of Geodesy,2008, 82(7):389-399.

［96］ KHODABANDEH A,TEUNISSEN P. An analytical study of PPP-RTK corrections:precision, correlation and user-impact［J］. Journal of Geodesy,2015, 89(11):1109-1132.

［97］ LEJEUNE S,WAUTELET G,WARNANT R. Ionospheric effects on relative positioning within a dense GPS network［J］. GPS Solutions, 2012, 16(1):105-116.

［98］ LU C X,LI X X,ZUS F,et al. Improving Beidou real-time precise point positioning with numerical weather models［J］. Journal of Geodesy,2017, 91(9):1019-1029.

［99］ MENG X,DODSON A H,ROBERTS G W. Detecting bridge dynamics with GPS and triaxial accelerometers［J］. Engineering Structures, 2007, 29(11):3178-3184.

［100］ ODIJK D,ZHANG B C,KHODABANDEH A,et al. On the estimability of parameters in undifferenced, uncombined GNSS network and PPP-RTK user models by means of system theory［J］. Journal of Geodesy,2016, 90(1):15-44.

［101］ TANG X,LI X,ROBERTS G W,et al. 1 Hz GPS satellites clock correction estimations to support high-rate dynamic PPP GPS applied on the Severn suspension bridge for deflection detection［J］. GPS Solutions,2019, 23(2).

［102］ TANG X,ROBERTS G W,LI X X,et al. Real-time kinematic PPP GPS for structure monitoring applied on the Severn Suspension Bridge,UK［J］. Advances in Space Research, 60(5):925-937.

[103] TEUNISSEN P, ODIJK D, ZHANG B. PPP-RTK: results of CORS network-based PPP with integer ambiguity resolution[J]. Journal of Aeronautics, Astronautics and Aviation, 2010, 42:223-230.

[104] TEUNISSEN P J G, KHODABANDEH A. Review and principles of PPP-RTK methods[J]. Journal of Geodesy, 2015, 89(3):217-240.

[105] VAZQUEZ-ONTIVEROS J R, VAZQUEZ-BECERRA G E, QUINTANA J A, et al. Implementation of PPP-GNSS measurement technology in the probabilistic SHM of bridge structures[J]. Measurement, 2021, 173:108677.

[106] WANG D, MENG X, GAO C, et al. Multipath extraction and mitigation for bridge deformation monitoring using a single-difference model[J]. Advances in Space Research, 2017, 60(12):2882-2895.

[107] WANG K, KHODABANDEH A, TEUNISSEN P. A study on predicting network corrections in PPP-RTK processing[J]. Advances in Space Research, 2017, 60(7):1463-1477.

[108] YEH T K, CHAO B F, CHEN C S, et al. Performance improvement of network based RTK GPS positioning in Taiwan[J]. Survey Review, 2012, 43(324): 3-8.

[109] YI T H, LI H N, GU M. Experimental assessment of high-rate GPS receivers for deformation monitoring of bridge [J]. Measurement, 2013, 46(1): 420-432.

[110] YU J, MENG X, SHAO X, et al. Identification of dynamic displacements and modal frequencies of a medium-span suspension bridge using multimode GNSS processing[J]. Engineering Structures, 2014, 81:432-443.

[111] ZHANG B C, TEUNISSEN P J G, ODIJK D. A novel un-differenced PPP-RTK concept[J]. Journal of Navigation, 2011, 64:S180-S191.

[112] LAURICHESSE D, MERCIER F, BERTHIAS J, et al. Integer ambiguity resolution on undifferenced GPS phase measurements and its application to PPP and satellite precise orbit determination[J]. Navigation, 2009, 56:135-149.

[113] GENG J, TEFERLE FN, MENG X, et al. Towards PPP-RTK: Ambiguity reso-

lution in real-time precise point positioning[J]. Advances in Space Research, 2011, 47:1664-1673.

[114] COLLINS P, LAHAYE F, HEROUX P, et al. Precise point positioning with ambiguity resolution using the decoupled clock model[C]//Proc:ION GNSS 2008. Savannah:Institute of Navigation,2008:1315-1322.

[115] ZHANG X, HU J, REN X. New progress of PPP/PPP-RTK and positioning performance comparison of BDS/GNSS PPP[J]. Acta Geodaetica et Cartographica Sinica,2020, 49:1084-1100.

[116] BANVILLE S, GENG J, LOYER S,et al. On the interoperability of IGS products for precise point positioning with ambiguity resolution[J]. Journal of geodesy,2020, 94:1-15.

[117] LOYER S,PEROSANZ F,MERCIER F,et al. Zero-difference GPS ambiguity resolution at CNES-CLS IGS Analysis Center[J]. Journal of Geodesy,2012, 86:991-1003.

[118] SCHAER S, VILLIGER A, ARNOLD D, et al. The CODE ambiguity-fixed clock and phase bias analysis products and their properties and performance [J]. Manuscript in preparation,2019.

[119] LIU Y,YE S,SONG W,et al. Integrating GPS and BDS to shorten the initialization time for ambiguity-fixed PPP[J]. GPS solutions,2017, 21:333-343.

[120] PAN L,XIAOHONG Z,FEI G. Ambiguity resolved precise point positioning with GPS and Beidou[J]. Journal of Geodesy,2017, 91:25-40.

[121] XIAO G,LI P,SUI L,et al. Estimating and assessing Galileo satellite fractional cycle bias for PPP ambiguity resolution[J]. GPS Solutions,2019, 23:1-13.

[122] LI X,LIU G,LI X,et al. Galileo PPP rapid ambiguity resolution with five-frequency observations[J]. GPS Solutions,2020, 24:1-13.

[123] LI X,ZHANG X,GE M. Regional reference network augmented precise point positioning for instantaneous ambiguity resolution[J]. Journal of Geodesy, 2011, 85:151-158.

[124] ZHANG B,CHEN Y,YUAN Y. PPP-RTK based on undifferenced and uncombined observations:Theoretical and practical aspects[J]. Journal of Geodesy,

2019,93:1011-1024.

[125] WEINBACH U,BRANDL M,CHEN X,et al. Integrity of the trimble center point RTX correction service[C]//Proceedings of the 31st International Technical Meeting of The Satellite Division of the Institute of Navigation (ION GNSS + 2018).[S. I. :s. n.],2018:1902-1909.

[126] NAMIE H,KUBO N. Performance evaluation of centimeter-level augmentation positioning 16-CLAS/MADOCA at the beginning of official operation of QZSS [J]. IEEJ Journal of Industry Applications,2020:20001080.

[127] OCHAŁEK A,NIEWIEM W,PUNIACH E,et al. Accuracy evaluation of real-time GNSS precision positioning with RTX Trimble technology[J]. Civil and environmental engincering reports,2018.

[128] KOUBA J,HéROUX P. Precise point positioning using IGS orbit and clock products[J]. GPS Solutions,2001,5(2):12-28.

[129] ZUMBERGE J F,HEFLIN M B,JEFFERSON D C,et al. Precise point positioning for the efficient and robust analysis of GPS data from large networks[J]. Journal of Geophysical Research:Solid Earth,1997,102(B3):5005-5017.

[130] LIU T,ZHANG B,YUAN Y,et al. Real-Time Precise Point Positioning (RTPPP) with raw observations and its application in real-time regional ionospheric VTEC modeling[J]. Journal of Geodesy,2018,92(11):1267-1283.

[131] LIU T,ZHANG B,YUAN Y,et al. On the application of the raw-observation-based PPP to global ionosphere VTEC modeling:an advantage demonstration in the multi-frequency and multi-GNSS context[J]. Journal of Geodesy,2020, 94(1):1-20.

[132] 张宝成,欧吉坤,袁运斌,等.利用非组合精密单点定位技术确定斜向电离层总电子含量和站星差分码偏差[J].测绘学报,2011,40(4):447-453.

[133] 张小红,李星星,李盼.GNSS 精密单点定位技术及应用进展[J].测绘学报,2017,46(10):1399-1407.

[134] 辜声峰.多频 GNSS 非差非组合精密数据处理理论及其应用[D].武汉:武汉大学,2013:131-163.

[135] GAO Y,SHEN X. Improving ambiguity convergence in carrier phase-based

precise point positioning[C]//Proceedings of the 14th International Technical Meeting of The Satellite Division of the Institute of Navigation(ION GPS 2001). Salt Lake City:The Institute of Navigation,2001:1532-1539.

[136] 张宝成,欧吉坤,袁运斌,等. 基于 GPS 双频原始观测值的精密单点定位算法及应用[J]. 测绘学报,2010,39(5):478-483.

[137] LIU T,ZHANG B,YUAN Y,et al. Multi-GNSS triple-frequency differential code bias (DCB) determination with precise point positioning (PPP)[J]. Journal of Geodesy, 2018, 93(5):765-784.

[138] 张宝成. GNSS 非差分非组合精密单点定位的理论方法与应用研究[D]. 北京:中国科学院研究生院,2012.

[139] 刘腾. 多模 GNSS 非组合精密单点定位算法及其电离层应用研究[D]. 北京:中国科学院大学,2017.

[140] KHODABANDEH A,TEUNISSEN P. Integer estimability in GNSS networks [J]. Journal of Geodesy,2019,93(9):1805-1819.

[141] XIANG Y,CHEN X,PEI L,et al. On enhanced PPP with single difference between-satellite ionospheric constraints[J]. Navigation,2022,69(1):1-18.

[142] ZHANG B,TEUNISSEN P J G,YUAN Y,et al. Joint estimation of Vertical Total Electron Content(VTEC) and Satellite Differential Code Biases (SDCBs) using low-cost receivers[J]. Journal of Geodesy,2017,92(4):401-413.

[143] LEICK A,RAPOPORT L,TATARNIKOV D. GPS satellite surveying[M]. New Jersey:John Wiley & Sons Inc,2015.

[144] KOZLOV D,TKACHENKO M,TOCHILIN A. Statistical characterization of hardware biases in GPS + GLONASS receivers[C]//Proceedings of the 13th International Technical Meeting of The Satellite Division of The Institute of Navigation (ION GPS 2000). Salt Lake City:The Institute of Navigation Inc, 2000:817-826.

[145] AL-SHAERY A,ZHANG S,RIZOS C. An enhanced calibration method of GLONASS inter-channel bias for GNSS RTK[J]. GPS Solutions,2013,17(2):165-173.

[146] WANNINGER L. Carrier-phase inter-frequency biases of GLONASS receivers

［J］. Journal of Geodesy,2012,86（2）:139-148.

［147］ YAMADA H,TAKASU T,KUBO N,et al. Evaluation and calibration of receiver inter-channel biases for RTK-GPS/GLONASS［C］//Proceedings of the 23rd International Technical Meeting of The Satellite Division of the Institute of Navigation（Ion GNSS 2010）. Portland:The Institute of Navigation Inc, 2010: 1580-1587.

［148］ CAI C,GAO Y. Precise point positioning using combined GPS and GLONASS observations［J］. Positioning,2007,1（11）: 13-22.

［149］ CAI C,GAO Y. Modeling and assessment of combined GPS/GLONASS precise point positioning［J］. GPS Solutions,2013,17（2）:223-236.

［150］ CHUANG S,WENTING Y, WEIWEI S, et al. GLONASS pseudorange inter-channel biases and their effects on combined GPS/GLONASS precise point positioning［J］. GPS Solutions,2013,17（4）:439-451.

［151］ LOU Y,ZHENG F,GU S,et al. Multi-GNSS precise point positioning with raw single-frequency and dual-frequency measurement models［J］. GPS Solutions, 2016,20（4）: 849-862.

［152］ LIU T,YUAN Y,ZHANG B,et al. Multi-Gnss Precise Point Positioning（MG-PPP）using raw observations［J］. Journal of Geodesy,2016,91（3）:253-268.

［153］ MERVART L,WEBER G. Real-time combination of GNSS orbit and clock correction streams using a Kalman filter approach［C］//Proceedings of the 24th International Technical Meeting of The Satellite Division of the Institute of Navigation（ION GNSS 2011）. Portland: the Institute of Navigation Inc, 2011:707-711.

［154］ CHOY S,ZHANG S,LAHAYE F,et al. A comparison between GPS-only and combined GPS + GLONASS Precise Point Positioning［J］. Journal of spatial science,2013,58（2）: 169-190.

［155］ ZHA J,ZHANG B,YUAN Y,et al. Use of modified carrier-to-code leveling to analyze temperature dependence of multi-GNSS receiver DCB and to retrieve ionospheric TEC［J］. GPS Solutions,2019,23（4）:1-12.

［156］ ZHANG B,ZHAO C,ODOLINSKI R,et al. Functional model modification of precise point positioning considering the time-varying code biases of a receiver [J]. Satellite Navigation, 2021,2(1):1-10.

[157] CIRAOLO L, AZPILICUETA F, BRUNINI C, et al. Calibration errors on experimental slant total electron content (TEC) determined with GPS[J]. Journal of Geodesy,2007,81(2): 111-120.

[158] 张宝成,欧吉坤,李子申,等.利用精密单点定位求解电离层延迟[J].地球物理学报, 2011,54(4):950-957.

[159] SCHAER S. Mapping and predicting the Earth's ionosphere using the global positioning system[J]. Geodätisch-Geophysikalische Arbeiten in der Schweiz, 1999,59:1-205.

[160] KAZMIERSKI K,SOŚNICA K,HADAS T. Quality assessment of multi-GNSS orbits and clocks for real-time precise point positioning[J]. GPS Solutions, 2017,22(1):1-12.

[161] 贺伟欣.GNSS 实时数据获取与精密单点定位研究[D].北京:中国科学院大学,2015: 21-34.

[162] ZHAO C,YUAN Y,ZHANG B,et al. Ionosphere sensing with a low-cost, single-frequency,multi-GNSS receiver[J]. IEEE Transactions on Geoscience and Remote Sensing,2019,57(2):881-892.

[163] LI M,ZHANG B,YUAN Y,et al. Single-frequency precise point positioning (PPP) for retrieving ionospheric TEC from BDS B1 data[J]. GPS Solutions, 2018,23(1):1-11.

[164] ZHAO C,ZHANG B,LI W,et al. Simultaneous retrieval of PWV and VTEC by low-cost multi-GNSS single-frequency receivers[J]. Earth and Space Science, 2019,6(9): 1694-1709.

[165] ZHAO C,ZHANG B,ODOLINSKI R,et al. Combined use of single-frequency data and global ionosphere maps to estimate BDS and Galileo satellite differential code biases [J]. Measurement Science and Technology, 2020, 31 (1):015002.

[166] ZHANG B,OU J,YUAN Y,et al. Extraction of line-of-sight ionospheric observables from GPS data using precise point positioning[J]. Science China

Earth Sciences,2012,55(11): 1919-1928.

[167] ZHANG X,ZHANG B,YUAN Y,et al. A refined carrier-to-code levelling method for retrieving ionospheric measurements from dual-frequency GPS data [J]. Measurement Science and Technology,2020,31(3):035010.

[168] ZHANG B,TEUNISSEN P J G,YUAN Y,et al. A modified carrier-to-code leveling method for retrieving ionospheric observables and detecting short-term temporal variability of receiver differential code biases[J]. Journal of Geodesy,2018,93(1):19-28.